COURS

DE MUSIQUE

A L'USAGE

DES LYCÉES,

DES ÉCOLES NORMALES PRIMAIRES,

DES COLLÉGES, DES PENSIONS, ETC.,

PAR

P. R. ROBIN,

ANCIEN ÉLÉVE DU CONSERVATOIRE DE PARIS,
PROFESSEUR DE MUSIQUE VOCALE DU LYCÉE IMPÉRIAL,
DE L'ÉCOLE NORMALE PRIMAIRE ET DE L'ÉCOLE SUPÉRIEURE DE POITIERS ;
MEMBRE DE LA SOCIÉTÉ DES ANTIQUAIRES DE L'OUEST,
DE LA SOCIÉTÉ ACADÉMIQUE DE LA MÊME VILLE, ETC., ETC.

PARIS

G. BRANDUS ET S. DUFOUR,

ÉDITEURS,

103, rue Richelieu.

POITIERS

GIRAULT-HUGUET,

MARCHAND DE MUSIQUE,

Rue de la Mairie.

1866

COURS

DE MUSIQUE

COURS

DE MUSIQUE

A L'USAGE

DES LYCÉES,

DES ÉCOLES NORMALES PRIMAIRES,

DES COLLÉGES, DES PENSIONS, ETC.,

PAR

P. R. ROBIN,

ANCIEN ÉLÈVE DU CONSERVATOIRE DE PARIS,
PROFESSEUR DE MUSIQUE VOCALE DU LYCÉE IMPÉRIAL,
DE L'ÉCOLE NORMALE PRIMAIRE ET DE L'ÉCOLE SUPÉRIEURE DE POITIERS;
MEMBRE DE LA SOCIÉTÉ DES ANTIQUAIRES DE L'OUEST,
DE LA SOCIÉTÉ ACADÉMIQUE DE LA MÊME VILLE, ETC., ETC.

PARIS		POITIERS
G. BRANDUS ET S. DUFOUR,		GIRAULT - HUGUET,
ÉDITEURS,		MARCHAND DE MUSIQUE,
103, rue Richelieu.		Rue de la Mairie.

1866

AVANT-PROPOS

En écrivant un cours de musique, nous n'avons pas
la prétention de faire mieux que les auteurs des nombreux solféges qui existent; mais nous avons remarqué
que ces diverses méthodes sont toutes destinées aux
enfants ou à des élèves illettrés, et ne parlent stricte-
ment que des éléments nécessaires à l'étude du solfége.

Il nous a semblé qu'un cours de musique professé
dans les lycées, les écoles normales primaires, les
colléges, les pensions, devait entrer dans quelques développements historiques, donner une idée succincte des
différents genres de composition, expliquer la forme de
certaines pièces de musique, indiquer des exemples des
plus belles inspirations dans chaque genre, mettre enfin

les élèves et peut-être les gens du monde, à même de juger du mérite d'une composition, au lieu de se borner à leur faire connaître seulement la valeur des notes, la mesure et la tonalité d'un morceau.

Tel est le but que nous nous sommes proposé; si la tâche est au-dessus de nos forces, elle n'a pas été au-dessus de notre zèle.

ROBIN.

Nota. Ce cours n'étant pas destiné à remplacer les solféges, mais à les compléter, les professeurs qui ne voudraient pas se donner la peine d'écrire eux-mêmes les leçons nécessaires, pourront avoir recours aux solféges de Panseron, Garaudé, etc.

I

DÉFINITION DE LA MUSIQUE.

La musique doit être considérée comme un art et comme une science : un art, parce qu'elle procède de l'imagination ; une science, parce que ses œuvres sont soumises au calcul et à des règles certaines.

Les plus grands génies de l'antiquité, les plus illustres philosophes, les écrivains les plus éminents, les poëtes les plus vantés se sont occupés d'une définition de la musique. Rappeler leurs différentes idées serait trop long et nous entraînerait loin de notre plan ; cependant pour montrer l'importance que dans tous les temps on a reconnue à ce bel art, nous croyons devoir signaler quelques opinions des plus célèbres écrivains des temps modernes.

J.-J. Rousseau prétend que « la musique est l'art de combi-

ner des sons d'une manière agréable à l'oreille. » Quelle définition ! et faite par un homme qui se croyait habile musicien !
N'enlève-t-elle pas à la musique son esthétique, sa haute portée,
sa puissance sur l'âme? Rousseau est d'autant plus inexcusable
que de son temps Lulli avait composé des opéras dans lesquels
on rencontre, avec des récitatifs magnifiques (1), la peinture
la plus vive des sentiments tendres ou énergiques. Bien plus,
il assistait aux œuvres de Rameau, et prenait une part très-
active à ces nobles combats littéraires entre les partisans de la
musique italienne, représentée par Piccini et Sacchini, et ceux
de la musique française dont Gluck était le héros. Comment,
avec l'exquise sensibilité musicale dont il se vante, comment
Rousseau ne voit-il dans *OEdipe, Orphée, Armide, Didon;* que
des sons combinés d'un manière agréable à l'oreille?

Le philosophe Kant et ses partisans disent que « la musique
est l'art d'exprimer une agréable succession de sentiments par
des sons. » Est-ce que la musique se refuse à peindre les passions énergiques ou violentes, la tristesse ou la douleur?

Mosel rencontre mieux en disant que « la musique est l'art
d'exprimer des sentiments déterminés par des sons bien coor-
donnés. » Voilà du moins une idée philosophique qui élève ce
bel art au rang qu'il doit occuper.

Si nous en croyons Montlosier et sa définition charmante,

---

(1) La scène d'Isis, dans laquelle Pan se lamente sur la métamorphose de Syrinx,
passe pour avoir servi de type au sublime récitatif de dona Anna pleurant sur le
corps de son père, dans le *Don Juan* de Mozart.

bien digne d'un si délicat esprit, « la musique est la parole de l'âme sensible, comme la parole est le langage de l'âme intellectuelle. »

Nous terminerons ces citations, que nous pourrions multiplier encore, par cette définition de M. Fétis : « la musique est l'art d'émouvoir par la combinaison des sons. » Ces paroles d'un musicien si savant et si consciencieux nous semblent donner de la manière la plus concise l'idée la plus complète de notre art.

Les Grecs anciens donnaient au mot musique une acception plus générale, un sens bien plus étendu que nous ne le faisons. Non-seulement ils définissaient la musique : l'art d'exciter quelque sentiment que ce soit par le moyen des sons, mais ils appliquaient ce mot à la poésie, à la danse, à la rhétorique, à la grammaire (1), à la philosophie ainsi qu'aux arts et aux sciences, que les Romains nommèrent plus tard *studia humanitatis*. On voit que chez les Grecs le mot musique (μουσική), dérivé de μοῦσα, s'appliquait à tout ce qui compose le domaine des muses.

(1) Pline, liv. II. — Plutarque, *de Musicâ*. — Aristide Quintilien, *de Musicâ*, etc.

II

DES DIFFÉRENTES ESPÈCES DE MUSIQUE

Brossard, dans son dictionnaire, fait l'énumération de *quarante-sept* espèces de musique, et ce nombre est encore augmenté considérablement par d'autres auteurs. Notre plan ne nous permet pas d'entrer dans de si longs et si fastidieux détails. Nous nous réservons de donner plus loin les grandes divisions de la musique moderne; ici, nous nous contenterons de dire que l'étude de la musique était si répandue et si obligée en Grèce, qu'une défaveur certaine était le partage de quiconque l'ignorait. On sait la mauvaise impression que donna de lui un célèbre général, qu'on regarda comme ayant reçu une mauvaise éducation, parce qu'il ne sut pas chanter une scolie dans un festin.

II

DES DIFFÉRENTES ESPÈCES DE CHARBON

[illegible]

III

ORIGINE DE LA MUSIQUE

On a dit que Moïse considérait Mahalabel comme l'inventeur de la musique chantée et Jubal comme ayant imaginé la musique instrumentale. Les livres saints nous apprennent bien que Mahalabel chantait devant l'arche, et métaphoriquement on l'a regardé comme le créateur d'un art dans lequel, sans doute, il excellait avec sa voix, ainsi que Jubal avec son instrument; mais ni la Genèse, ni les poëtes de l'antiquité hébraïque ne parlent de celui qui a inventé la musique. Presque tous les peuples d'ailleurs revendiquent cet honneur : les Grecs, au moyen de théories ingénieuses ; les Chinois, par une tradition pleine de grâce..... Mais pourquoi se torturer l'esprit, surexciter son imagination ? L'homme parle, donc il chante. Nos premiers sentiments ne donnent-ils pas lieu à des inflexions de voix différentes selon notre joie ou notre douleur ? Qui n'a pas remarqué

que la voix parlée, exprimant le contentement, change de
timbre quand elle gémit? Qui n'a pas remarqué les sons différents qui expriment la gaieté, l'émotion de la tendresse maternelle, etc.? Chacun de ces sentiments fait vibrer autant de cordes
de l'âme qui forment une harmonie d'autant plus parfaite
qu'elle parcourt des intervalles moins mesurables.

IV

DU SON

Le son est pour l'ouïe ce que la lumière est pour la vue.

Le son est produit par l'agitation de l'air déplacé ou d'un corps sonore : ce qui donne le même résultat.

Nous n'entrerons pas dans d'autres détails, qui sont du domaine de la physique et de l'acoustique ; cependant nous dirons que le son s'étend de son point de départ dans toutes les directions. On peut s'en faire une idée assez exacte en jetant une pierre dans l'eau : on voit les cercles qu'elle produit s'agrandir progressivement jusqu'à leur disparition.

Le son augmente d'intensité la nuit. Tartini et Sauveur ont observé que deux sons bien justes en produisent un troisième, et cette expérience a souvent exercé l'attention des musiciens.

Observons en passant qu'un M. Adorno, Mexicain de naissance, s'est fait connaître à l'exposition de 1855 par plusieurs inventions ingénieuses, au nombre desquelles on remarque tout un système de musique ayant pour titre : *De la Mélographie*. Suivant le système de M. Adorno, déjà produit par M. Azaïs et par d'autres hommes sérieux, les vibrations de l'air ne sont pas la cause de la production du son. On comprend que ces hautes théories ne sont pas à notre portée et ne doivent pas trouver place ici. Les physiciens seuls ont le droit de les juger. En attendant, nous ne pouvons qu'admettre les idées des Cladni, des Haüy, des Savard, etc.

Tous les sons appréciables sont renfermés dans huit octaves. Le son le plus grave fait environ trente vibrations dans une seconde; le plus aigu en fait sept mille cinq cent cinquante-deux.

Il y a deux espèces de sons : le son musical et le bruit. Quand la voix peut reproduire une intonation, c'est un son musical; si elle ne le peut pas, c'est du bruit. La voix humaine peut imiter jusqu'à un certain point le chant d'un oiseau, mais non le bruit que font deux mains frappant l'une contre l'autre. La science en explique ainsi la raison : deux mains se heurtant saisissent à la fois un grand nombre de points dont chacun produit un son et ses concomitants (1); c'est de la multiplicité

(1) Sur les sons concomitants, voyez la note page 87.

de ces sons entendus ensemble, quelque faibles qu'ils soient,
que naît l'impossibilité de reproduire exactement l'intonation de
ce bruit. Il est très-difficile de fixer la limite qui sépare le son
musical du bruit, et certains auteurs refusent même d'en
admettre aucune.

V

DE LA SÉMÉIOGRAPHIE

La manière de représenter les sons ou de les écrire, autrement la séméiographie, est une chose si intéressante et si importante, cet art a traversé des phases si curieuses à connaître et si diverses avant d'atteindre ce que nous osons appeler la perfection où il est arrivé de nos jours, que nous croyons devoir entrer à ce sujet dans quelques développements historiques.

On n'a rien de certain sur la manière d'écrire la musique dans les premiers âges ; cependant les accents phoniques qu'on distinguait sur les mots des tables de la loi donnée à Moïse paraissent à plusieurs savants de véritables accents musicaux. (DURET, *Histoire des langues*). Les Grecs seuls nous fournissent des éléments certains sur ce sujet, et quelques-unes de leurs théories sont encore en usage dans le plain-chant. Ils représentaient les sons au moyen des lettres de leur alphabet; mais comme il y avait plus de sons que de lettres, pour remédier à l'insuffisance de ces dernières, ils imaginèrent de les renverser et de les mutiler; avec la lettre pi Π, par exemple, ils obtenaient les signes suivants : Π ⊏ ⊐ ⊓, et par ce moyen ingénieux, ils se procuraient les seize cent vingt signes nécessaires pour écrire leur musique. La moitié à peu près s'appliquait au chant, l'autre moitié à la musique instrumentale.

Dès les temps les plus reculés on chantait la poésie et même les lois pour que le peuple se les gravât plus aisément dans la mémoire. Platon compare la poésie dépouillée du chant à un visage qui perd sa beauté en perdant la fleur de sa jeunesse. (*De Rep.*, liv. X). Voici un exemple de la notation musicale des Grecs dans la plus haute antiquité :

NOTATION GRECQUE. Heptacorde grave.	te, ta, tê, tô, ta té tô, te.
NOTATION MODERNE.	*la, si, ut, re, mi, fa, sol, la.*

NOTATION GRECQUE. Heptacorde aigu.	ta, tê, tô, ta, tê, tô, te.
NOTATION MODERNE.	*si ut re mi fa sol la.*

Beaucoup plus tard les Grecs réduisirent leur système à quinze sons principaux qui pouvaient s'écrire au moyen de neuf cent quatre-vingt-dix signes pour la musique vocale et instrumentale. C'est à Terpandre, qui vivait 650 ans avant Jésus-Christ, qu'on attribue l'invention de cette notation, qui fut en usage jusqu'à la fin du xvi° siècle. A cette époque, Grégoire le

Grand, trouvant le chant aussi triste que discordant, opéra une grande réforme que sur certains points saint Ambroise avait déjà commencée. Saint Grégoire fit cette réforme aussi radicale que complète. Il représente bien les sons, suivant l'ancien usage, au moyen des lettres de l'alphabet, mais écrites d'une autre manière : il employait les majuscules, les minuscules et les lettres doubles. Son système réduisait beaucoup la quantité des signes, et suffisait cependant au chant alors en usage. Il écrivait ainsi la première série de sept notes : A B C D E F G; la deuxième série : *a b c d e f g;* la troisième série : *aa bb cc dd ee ff gg.* L'exemple suivant, extrait des textes latins notés par le moyen des lettres, donnera une idée de cette méthode :

dc ♮ c d e dc ♮ A ♮ c d A GF G G

Sit nomen Domini benedictum in secula.

On croit que c'est Jean Damascène qui, dans le viiie siècle, introduisit l'usage de caractères dont chacun représentait un intervalle entier. Hucbald, moine de Saint-Amand, auteur du poëme en l'honneur de Charles le Chauve, dont tous les mots commencent par un *c,* et de la pièce de vers intitulée : *Pugna porcorum,* dont tous les mots commencent par un *p (nugæ difficiles !)*; Hucbald, au xe siècle, imagina d'employer des points et de petites lignes obliques placées entre des lignes parallèles, dont la quantité et la couleur éprouvèrent depuis de grands changements.

Plus tard encore on plaça les signes sur les lignes et entre les lignes.

Enfin nous arrivons à la grande réforme qui eut lieu au xie siècle. Guy, moine du couvent d'Arezzo, dans les Abbruzzes, se servant de points, supprima beaucoup de signes. Ce hardi et heureux novateur renferma la notation dans un hexacorde ou système de six notes. Selon certains auteurs, il fut le créateur de la gamme ou échelle diatonique, établit l'usage des portées, etc., etc. Mais cette opinion est erronée : plusieurs des découvertes qu'on lui attribue étaient en usage avant lui, notamment la gamme, dont il parle lui-même dans ses écrits comme d'une chose généralement connue. Guy, comme tous les musiciens de son époque, se servit d'abord des lettres de l'alphabet, mais bientôt il remplaça les lettres par des points placés sur les lignes ou entre les lignes d'une portée. Enfin il réforma la dénomination des notes en substituant aux points et aux lettres une dénomination syllabique qui remplaçait les cinq voyelles par les mots : *ut, ré, mi, fa, sol, la.* Voici l'origine de cette appellation. Paul Diacre, évêque d'Aquilée, qui vivait peu de temps après le savant Boëce, voulant consacrer un cierge pascal à la Vierge, chanta avec tant d'énergie qu'il fut pris d'un enrouement. Pour obtenir une prompte guérison, il adressa à saint Jean-Baptiste, appelé dans la Bible *Vox cla- mantis,* une hymne de sa composition. Ce fait est toutefois contesté par plusieurs historiens, suivant lesquels cette hymne est d'Alcuin, précepteur de Charlemagne. Quel que soit l'auteur de ce chant célèbre, il fut composé pour prier le ciel de rendre la voix à ceux qui l'avaient perdue. Placé dans l'office du soir, il était entonné par tout le chœur. En voiciles paroles, qui forment une strophe composée de trois vers saphiques et d'un adonique, strophe dont on trouve plusieurs exemples dans Horace

Ut queant laxis *Famuli* tuorum
Resonare fibris *Solve* polluti
Mira gestorum *Labii* reatum
Sancte Joannes.

Le chant était écrit au moyen d'une portée de six lignes sur chacune desquelles était tracée la note dont le nom était indiqué au commencement.

Guy avait remarqué que chacune des syllabes soulignées montait d'un degré ; il donna donc aux six notes de son hexacorde le nom de ces syllabes, formant ainsi sa série : première note *ut* — deuxième note *ré* — troisième note *mi* — quatrième note *fa* — cinquième note *sol* — sixième note *la*.

Le système de Guy ne comprenant que six notes, l'absence du *si*, qu'on remplaçait, selon un ancien auteur, par le mot *advenentia*, causait une difficulté très-grande. On était obligé de dire *mi fa* toutes les fois qu'on avait l'intervalle d'un demi-ton à faire entendre. Ce changement s'appelait *muance*. Le *si* naturel était *mi*, marqué ainsi *mi* ♮. Le *si* accompagné de ce signe ♭ se nommait *za*. On écrivait une gamme en *ut* : *ut ré mi fa sol la si ut,* et par muance on prononçait : *ut ré mi fa sol ré mi fa.* Si l'on rencontrait le *si* armé de ce signe ♭, on disait par muance : *ut ré mi fa* ou *mi fa sol*, au lieu de *ut ré mi fa sol la si* ♮ *ut.* On voit les inextricables difficultés qu'on éprouvait à lire la musique, quelque simple qu'elle pût être.

C'est au musicien Lemaire qu'on doit l'addition de la note *si* à la gamme de Guy. Peut-être composa-t-il le nom de cette note avec les lettres qui commencent les deux derniers mots de l'hymne à saint Jean (*sancte Joannes*). Quoi qu'il en soit, l'introduction de cette note changea totalement le système de **Guy**, et fit une révolution complète. On abandonna l'usage des muances, et l'hexacorde du moine d'Arezzo fut remplacé par deux tétracordes.

L'importance du *si* fut si bien appréciée, qu'une fois cette note trouvée, un grand nombre d'auteurs en revendiquèrent l'invention en lui donnant différents noms. Parmi ces prétendants on peut citer un Belge, nommé **Van den Putte**, un nommé **Gilles Grosjean** et un certain **Ericius Puteanus**, qui est peut-être le même que **Van den Putte**, dont le nom français est **Dupuy**. Mais Brossard et beaucoup d'autres font dater le *si* de la fin du xviie siècle, et désignent Lemaire comme son heureux inventeur. Marolles voulait même qu'on nommât cette note **Elmeria**, anagramme de Lemaire.

Les tétracordes dont nous venons de parler s'écrivaient ainsi,
et se lisaient en commençant par le bas :

fa	*ut*
mi	*si*
ré	*la*
ut	*sol*

Leur réunion forme une gamme complète dont l'usage s'est
maintenu jusqu'à nous, grâce à sa perfection, quoi qu'en pensent certains novateurs. Le nom de gamme donné à cette
échelle diatonique vient du gamma des Grecs (Γ), lettre qui
leur servait à désigner la note la plus grave de leur système
musical, et qu'ils appelaient aussi *proslambanomenos*, ou note
ajoutée.

[illegible]

VI

DE LA VALEUR DES NOTES

A peu près du temps de Guy d'Arezzo, c'est-à-dire vers la fin du xiᵉ siècle, un illustre musicien de Cologne, nommé Francon, rendit à son art le plus éminent service, en donnant aux notes différentes formes suivant leur durée. Il posa ainsi les vraies bases de la musique figurée, et l'on doit s'étonner qu'une invention si utile n'ait été généralement adoptée qu'au xvᵉ siècle, soit pour la musique profane, soit pour le chant religieux. Pendant les xiiᵉ, xiiiᵉ et xivᵉ siècles, chaque nation écrivait la musique à sa manière.

Les principales figures de notes de Francon furent : la maxime ⌐ qui durait huit de nos mesures actuelles, la longue ⌐ qui en durait quatre, la brève ▬ qui valait deux mesures, la semi-brève ◆ une mesure, la minime ◆ une demi-mesure, et la semi-minime ◊ un quart de mesure.

A cette époque reculée, la musique, encore dans l'enfance, avait une allure très-lente, et les notes de longue valeur suffisaient largement à son exécution. Mais quand les progrès de l'art eurent produit des mouvements plus rapides, une exécution plus vive exigea des notes plus brèves, et l'on abandonna peu à peu les longues valeurs pour y substituer des notes nouvelles offrant plus de rapidité. Les notes employées aujourd'hui sont la ronde ○, la blanche ⌐, la noire ♩, la croche ♪, la double croche, la triple croche, la quadruple croche, etc.; chacune de ces notes, en commençant par la ronde, vaut exactement en durée le double de la suivante, proportion qui n'existait pas dans la notation de Francon, où la durée n'était qu'approximative, comme dans le plain-chant de nos jours. Il résulte de là qu'une ronde vaut deux blanches, une blanche deux noires, une noire deux croches, une croche deux doubles croches, une double croche deux triples croches, et une triple croche deux quadruples croches ; ce qui se résume par le tableau suivant :

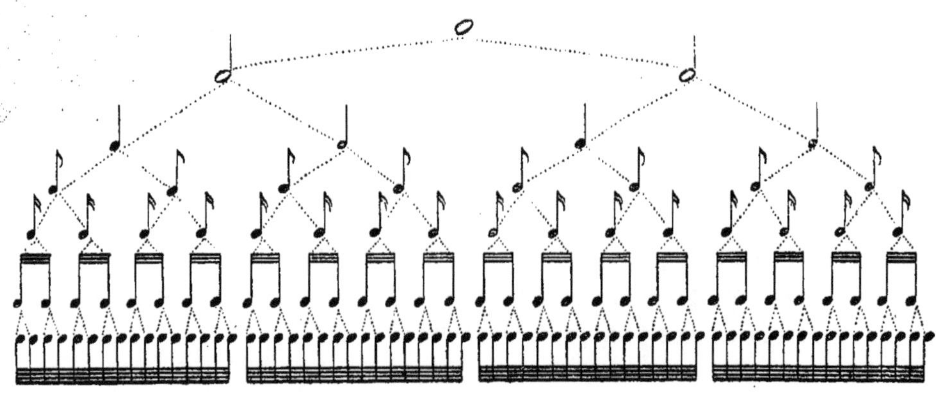

Quand plusieurs croches, doubles croches, etc., se suivent, on peut remplacer par des barres les crochets qui les caractérisent.

Il n'est pas sans exemple de rencontrer dans les traits extrêmement rapides de la musique de piano, non-seulement des quadruples croches, mais encore des quintuples croches.

En jetant les yeux sur le tableau qui précède, on voit que la succession des valeurs de note est constamment binaire, c'est-à-dire qu'une note vaut toujours deux fois celle qui la suit dans l'ordre du tableau. Il arrive pourtant que les compositeurs ont besoin d'autres divisions. Pour les obtenir, on a imaginé d'ajouter aux notes des points qui en augmentent la durée. Un point placé après une note augmente sa durée de moitié : cela revient à dire qu'une ronde pointée vaut trois blanches, une blanche pointée trois noires et ainsi de suite. On obtient de cette façon une division ternaire. Quand on place deux points après une note, le second point prolonge cette note de la moitié de la valeur du premier point, c'est-à-dire du quart de la note principale. *Secus*, s'il y avait un troisième point; mais ce cas est très-rare.

VII

DES SILENCES

La suspension du chant et le repos des instruments sont indiqués par des signes que l'on nomme *silences*. Ces signes ont des formes et des noms particuliers ; ce sont : 1° la pause, figurée par un trait ainsi placé sous l'une des lignes de la portée, ordinairement la troisième ⸺ ; 2° la demi-pause, placée au-dessus de la ligne ⸺ ; 3° le soupir, figuré par un sept renversé ｒ ; 4° le demi-soupir, semblable à un sept penché ꞁ ; 5° le quart de soupir ꞁ, 6° le huitième de soupir ꞁ ; 7° le seizième de soupir ꞁ , etc.

Ces silences ont une valeur qui se rapporte à la durée des notes ; ainsi, la pause vaut une ronde, c'est-à-dire qu'elle indique un silence aussi long que la durée d'une ronde ; la demi-pause vaut une blanche, le soupir une noire, etc. Voici le tableau

de ces valeurs :  S'il était nécessaire de s'ar-

rêter le temps d'une note pointée, on écrirait le silence correspondant à la note simple et l'on ajouterait le silence correspondant
au point qui la suit. Soit la valeur d'une ronde pointée à exprimer
en silences ; on écrira d'abord une pause pour la valeur de la
ronde, et une demi-pause pour le point.

Exemples de silences représentant des notes pointées :

On place aussi quelquefois un point après un silence comme
après une note ⟩ ; mais cela n'est guère en usage que pour des
silences de petite valeur.

Si l'on avait une grande quantité de pauses à compter, ce qui
se trouve souvent dans les parties ripiennes, c'est-à-dire d'accompagnement, au lieu d'écrire les pauses successivement, on
emploirait des barres de deux et de quatre mesures, le silence
de deux mesures unissant deux lignes et le silence de
quatre mesures en unissant trois Si le nombre des mesures à compter est très-considérable, on se borne à l'indiquer
par un chiffre placé au-dessus d'un trait ordinairement oblique.
Ainsi, le signe suivant $\frac{30}{}$ indique trente mesures de silence à
compter.

Le point, qui joue un si grand rôle dans l'écriture de la musique, peut se placer au-dessus d'une note; mais alors, au lieu d'augmenter cette note, il la diminue de moitié. Il résulte de là qu'une ronde surmontée d'un point ♩ ne vaut qu'une blanche ♩; une blanche ♩ ne vaut qu'une noire, etc. Un petit trait placé au-dessus de la note l'abrége des trois quarts : une blanche ainsi marquée ♩ ne vaudra donc qu'une croche. Observons, toutefois, que la durée qu'on enlève ainsi aux notes se remplace dans l'exécution par des silences équivalents, pour que l'exactitude de la mesure ne soit pas altérée. Un point surmonté d'un arc ⌒ s'appelle un point d'orgue. Ce signe, placé sur une note ♩, sert à prolonger indéfiniment sa durée, suivant le goût de l'exécutant ou de celui qui dirige l'orchestre. Le point d'orgue placé sur un silence ⌒ change de nom et s'appelle temps d'arrêt. Il prolonge alors le silence de la même manière qu'il prolonge la note dans le cas où il est placé sur elle.

VIII

DE LA PORTÉE

Au VIIIe siècle, Damascène imagina d'employer deux lignes parallèles pour disposer ainsi les sept lettres du pape Grégoire :

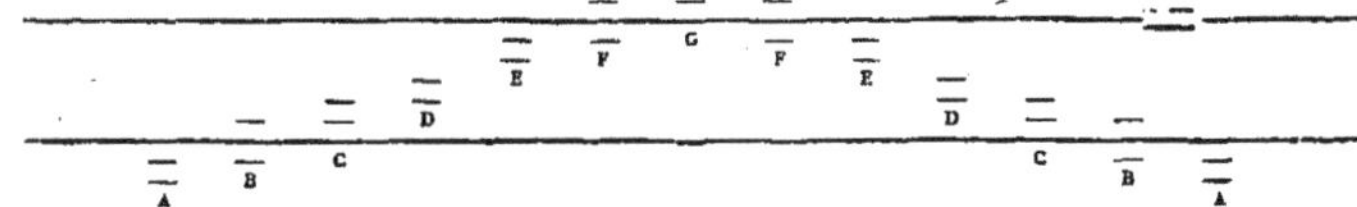

Guy d'Arezzo avait commencé par écrire les textes sans notes, comme nous l'avons déjà dit :

a e♮ c d e - c♭ a c a g f g g
Sit nomen Domini benedictum in secula (1).

Plus tard, il se servit de huit lignes, en plaçant au com-

---

(1) Traduction en plain-chant :

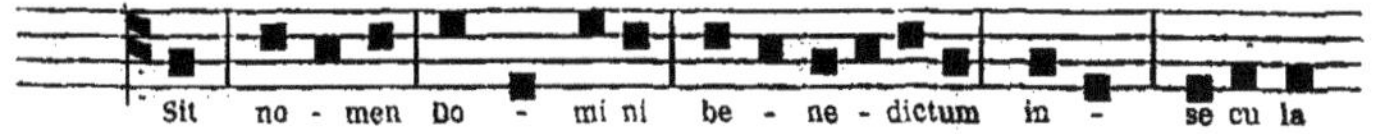

mencement de chacune d'elles le nom de la note que cette ligne portait, c'est-à-dire la lettre indiquant cette note :

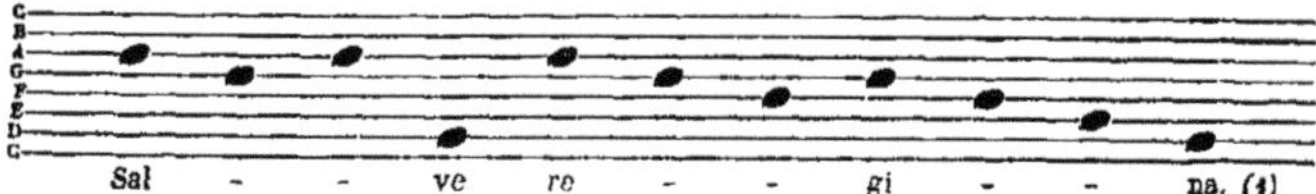

Galilée fait mention d'une portée de sept lignes et d'une autre de dix.

Jusqu'au xiii⁰ siècle, on s'était servi de la portée de huit lignes de Guy d'Arezzo. Par la suite, on la réduisit à quatre, suffisantes pour écrire le chant grégorien. Cette portée de quatre lignes est encore en vigueur pour le chant romain.

Ce fut au xv⁰ siècle qu'on ajouta une cinquième ligne à la portée. On voit par combien de phases ont passé les essais multipliés qu'on a faits avant d'arriver à une bonne notation :

> . . . . . tant dut coûter de peine
> Ce long enfantement de la grandeur romaine !

Les cinq lignes qui forment la portée définitivement admise se comptent de bas en haut : la plus basse est, par conséquent, la première, et la plus haute la cinquième. Les notes se posent et sur les lignes et entre les lignes.

Le savant et ingénieux Wilhem a imaginé une grande portée

---

(1) Traduction :

de onze lignes qui suffit à écrire les vingt-trois sons du diapason
général des voix ordinaires. On comprend l'embarras que cause-
rait à un exécutant une œuvre écrite sur une portée de lignes
si multipliées : aussi ne se sert-on, pour écrire les douze notes
qui composent le diapason d'une voix ordinaire, que de la
portée de cinq lignes. Mais l'idée de ces onze lignes est excel-
lente pour établir les intervalles et la position des différentes
clefs dont nous allons nous occuper après l'étude des mains
harmoniques.

[illegible] [illegible] [illegible] [illegible] [illegible]
[illegible] [illegible] [illegible] [illegible] [illegible]
[illegible] [illegible] [illegible] [illegible] [illegible]
[illegible] [illegible] [illegible] [illegible] [illegible]
[illegible] [illegible] [illegible] [illegible] [illegible]
[illegible] [illegible] [illegible] [illegible] [illegible]

IX

MAINS HARMONIQUES

Pour faciliter l'étude du solfége, Guy, auquel il faut si souvent revenir, avait imaginé une main harmonique. Sur la partie interne de chaque doigt il écrivait les syllabes *ut, ré, mi, fa, sol, la*, disposées de manière à faciliter aux jeunes élèves le moyen d'apprendre très-promptement les notes. Cette main était dans la position verticale. Nous devons dire ici que quelques auteurs contestent cette invention à Guy.

Wilhem, en s'appropriant l'idée de la main harmonique, la perfectionne de la manière suivante : il se sert des deux mains placées horizontalement, la main gauche destinée aux voix graves et la droite aux voix aiguës. La main, comme la portée de cinq lignes, possède cinq doigts. En commençant par la main gauche, le petit doigt s'appelle *sol*, le second se nomme *si*, le troisième *ré*, le quatrième *fa*, et le cinquième, qui est le pouce, se nomme *la*. En remontant la main droite, qui est placée horizontalement au-dessus de la gauche, on nomme le petit doigt *mi*, le second *sol*, le troisième *si*, le quatrième *ré* et le cinquième *fa*. Il s'agit donc de faire apprendre aux enfants ces cinq syllabes sur la main gauche, *sol, si, ré, fa, la;* et sur la main droite les cinq suivantes : *mi, sol, si, ré, fa.* En plaçant entre ces deux mains une ligne horizontale qui les sépare, on obtient la portée de onze lignes de Wilhem.

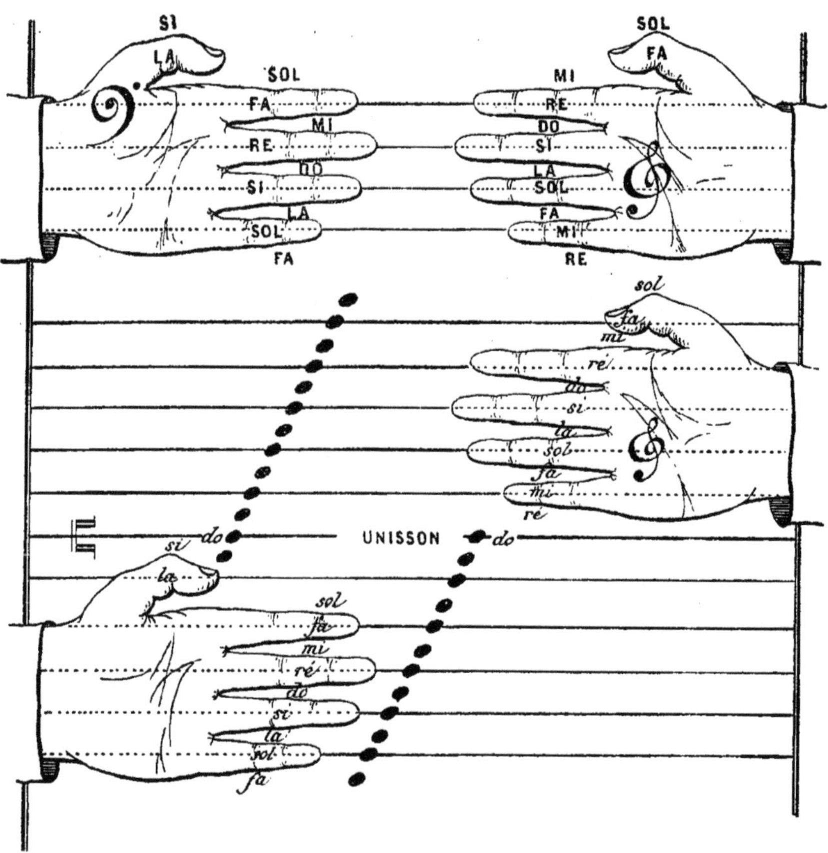

Ces mains donnent aux enfants une immense facilité pour apprendre leurs notes, et ce qui leur demandait autrefois une longue et pénible étude se fait en peu de temps, même chez les enfants qui ne savent pas lire. Quand on sait bien le nom des doigts, on prend la note immédiatement supérieure à celle de chaque doigt, en suivant ainsi l'ordre de la gamme. Main gauche : au-dessous du premier doigt, *fa ;* premier doigt, *sol ;* entre le premier et le deuxième, *la ;* deuxième, *si ;* entre le deuxième et le troisième, *ut ;* troisième, *ré ;* entre le troisième et le quatrième, *mi ;* quatrième, *fa ;* entre le quatrième et le cinquième, *sol ;* cinquième, *la ;* — entre le cinquième de la main gauche et la ligne horizontale séparative des deux mains, *si ;* sur cette ligne séparative, *ut ;* entre cette ligne et le petit doigt de la main droite, *ré.* — Main droite : premier doigt, *mi ;* entre le premier et le deuxième, *fa ;* deuxième, *sol ;* entre le deuxième et le troisième, *la ;* troisième, *si ;* entre le troisième et le quatrième, *ut ;* quatrième, *ré ;* entre le quatrième et le cinquième, *mi ;* cinquième, *fa ;* au-dessus, *sol.* C'est ainsi qu'on établit la notation de la grande portée de onze lignes. Mais il faut maintenant considérer isolément chaque portée de cinq lignes. Il arrive souvent que cette dernière est insuffisante pour écrire des notes ou plus graves ou plus aiguës que celles qu'elle comporte par elle-même. On a recours alors à de petites barres supplémentaires qui sont de véritables lignes ajoutées à la portée et dont l'usage est analogue à celui des lignes primitives.

EXEMPLE :

[illegible]

X

DES CLEFS

Nous avons vu que, suivant la méthode de Guy, on plaçait au commencement de chaque ligne le nom de la note qu'elle représentait. Les modernes ont conservé les trois lettres F C G, qui sont devenues les clefs de *fa*, d'*ut* et de *sol*, dont Wilhem établit la filiation et la position dans sa grande portée.

Cette portée, qui suffit pour noter les vingt-trois sons du diapason général, ne peut servir que pour la démonstration, et, comme nous l'avons déjà dit, dans la pratique on n'emploie que la portée de cinq lignes.

On appelle diapason le caractère de chaque voix. Les trois diapasons principaux sont : la voix de basse, la voix de ténor et la voix de soprano. La musique pour la voix de basse s'écrit ordinairement à la clef de *fa* (𝄢); celle pour la voix de ténor, à la clef d'*ut* (); et celle pour la voix de soprano, à la clef de

sol . Le nom de ces clefs vient de la place qu'elles occupent dans la grande portée.

Dans la portée de cinq lignes, chacune de ces clefs signifie que les notes placées sur la ligne où est la clef prennent le nom de cette clef. Ainsi, la clef de *fa*, placée sur la quatrième ligne, a pour effet d'indiquer que les notes placées sur la quatrième ligne sont des *fa*. La clef de *sol*, placée sur la deuxième ligne, a pour effet d'indiquer que les notes placées sur cette ligne sont des *sol*. Et ainsi pour la clef d'*ut*. Il suit de là que, si l'on change la clef de ligne, on change également la valeur de ces lignes, c'est-à-dire la position des notes. Ainsi, en écrivant la clef de *fa* sur la troisième ligne, on obtient ce résultat que les notes écrites sur cette ligne sont des *fa*. Pour se bien rendre compte de l'effet produit par cette transposition de la clef, il suffira de comparer les deux gammes suivantes :

Autrefois, on employait la clef de *fa* de ces deux manières, c'est-à-dire tantôt sur la quatrième ligne, tantôt sur la troisième. On comprit plus tard l'inutilité de la clef de *fa*, troisième ligne, et on la supprima.

On employait également à la même époque la clef de *sol*, tantôt sur la première ligne, tantôt sur la seconde. Mais la clef de *sol*, première ligne, produisant (à l'octave) la même gamme que la clef de *fa*, on cessa de s'en servir.

La clef d'*ut* s'écrivait sur les quatre premières lignes de la portée; la clef d'*ut*, deuxième ligne, est à peu près abandonnée; on ne s'en sert plus guère que dans le plain-chant, mais les trois autres sont encore usitées. On écrit avec la clef d'*ut*, première ligne, la musique destinée aux soprani; avec la clef d'*ut*, troisième ligne, celle destinée aux contralti; et la clef d'*ut*, quatrième ligne, sert à écrire la musique pour les ténors.

XI

DES INTERVALLES

On appelle, en général, intervalle la distance qui sépare deux notes, en commençant, selon l'usage, par la note grave et en suivant une progression ascendante.

L'unisson est la reproduction du même son.

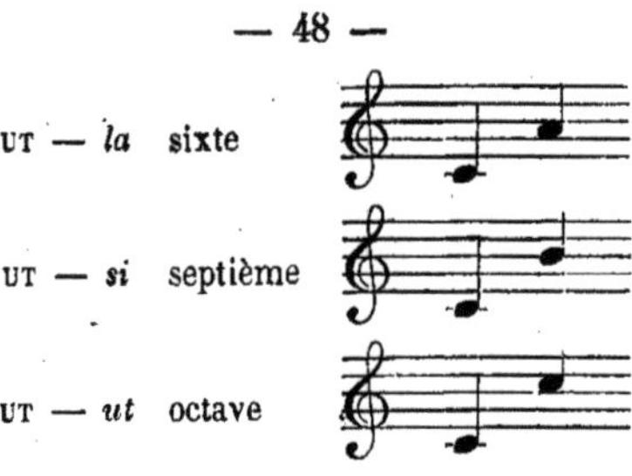

Ces intervalles sont nommés simples parce qu'ils ne sortent pas de l'étendue d'une octave, en opposition avec les intervalles composés qui dépassent cette limite.

Pour se rendre compte des intervalles composés, il faut en retrancher le nombre sept, le reste donne le son dont cet intervalle est l'octave. Ainsi : *ut*, *ré*, fait un intervalle de *neuvième;* si l'on retranche *sept* de *neuf*, le reste, *deux*, indique précisément que la note du haut (*ré*) forme, relativement à celle du bas (*ut*), une *deuxième* ou une *seconde* à l'*octave*.

En opérant ainsi sur une dixième, on trouvera que c'est une tierce à l'octave, ou une octave de tierce.

Une onzième est l'octave de la quarte; une douzième est l'octave de la quinte, et ainsi de suite jusqu'à l'intervalle de quinzième, qui est l'octave de l'octave ou la double octave à l'aigu.

Jusqu'ici nous avons employé, pour désigner la première note de la gamme, la syllabe *ut*, de Guy d'Arezzo; mais cette syllabe est à peu près abandonnée aujourd'hui. Pour la prononcer, il faut avancer les lèvres et presque fermer la bouche, ce qui nuit beaucoup à la sonorité.

Cet inconvénient, déjà si grand pour nous, l'était bien plus encore pour les Italiens, qui prononcent l'*u* comme nous prononçons *ou* (1). Ce fut pour y remédier qu'en 1640 un Italien imagina de remplacer l'*ut* de Guy par la syllabe *do*. Ce changement, dont l'avantage est manifeste, a conquis de nos jours une approbation universelle; nous nous conformerons donc désormais à ce nouvel usage.

(1) On avait bien recommandé à Rubini, lors de son premier voyage en France, d'éviter cette manière de prononcer en parlant notre langue, et le maëstro se tenait tellement en garde contre ce défaut de prononciation qu'il demandait « qu'on lui servît de la *supe*. »

XII

DIVISION DE LA CORDE SONORE

On appelle corde sonore ou génératrice, celle d'où dérive la série des sons qui composent la tonalité ou la modulation.

Supposons que cette corde, mise en vibration dans toute sa longueur, fasse entendre la note *do*, à raison de trente-deux vibrations par seconde; en la raccourcissant de moitié, elle produira dans le même laps de temps le double de vibrations, c'est-à-dire soixante-quatre, et fera encore entendre la note *do*, mais à l'octave supérieure. On obtiendra les sons *ré, mi, fa, sol, la, si,* en faisant vibrer les longueurs de corde intermédiaires représentées par les fractions suivantes : $\overset{ré}{\tfrac{8}{9}}\ \overset{mi}{\tfrac{4}{5}}\ \overset{fa}{\tfrac{3}{4}}\ \overset{sol}{\tfrac{2}{3}}\ \overset{la}{\tfrac{161}{270}}\ \overset{si}{\tfrac{8}{15}}\ \overset{do}{\tfrac{1}{2}}$

Les physiciens ont renouvelé et perfectionné l'ancien monocorde. Cet instrument est composé d'une caisse longue et creuse sur laquelle on tend une corde au moyen de poids. On place sous la corde des chevalets mobiles qu'on pose successivement aux places indiquées par les chiffres ci-dessus, inscrits sur la table harmonique, c'est-à-dire sur la partie supérieure de la caisse. En faisant vibrer, au moyen d'un archet, la corde ainsi divisée, on obtient pour chaque division la note correspondante. Tous les instruments à table fixe, surtout les violons et les violoncelles, sont de véritables monocordes sur lesquels on obtient des sons plus élevés en raccourcissant la corde au moyen des doigts.

Si l'on compare les intervalles qui composent la gamme, en prenant pour base de comparaison le nombre de vibrations de chaque note, on trouve qu'ils sont de trois sortes. En effet, le rapport de *do* à *ré* est comme celui de 8 à 9 ; le rapport de *ré* à *mi*, comme celui de 9 à 10 ; celui de *mi* à *fa* est de 15 à 16 ; celui de *fa* à *sol* est de 8 à 9 ; celui de *sol* à *la* est de 9 à 10 ; celui de *la* à *si* est de 8 à 9, et celui de *si* à *do* est de 15 à 16.

Ce qui frappe d'abord, dans cette suite de rapports, c'est qu'il y en a deux qui ne sont que de 15 à 16, c'est-à-dire d'environ la moitié des autres. On les nomme, à cause de cela, *demi-tons ;* ce sont les intervalles de *mi* à *fa* et de *si* à *do*. Les autres intervalles sont appelés *tons*, sans égard à la légère différence qui existe entre eux, et qui est peu sensible à l'oreille. Toutefois, on les distingue dans la composition musicale en *tons majeurs* et *tons mineurs*. Les tons majeurs sont de *do* à *ré*, de *fa* à *sol* et de *la* à *si*, qui correspondent au rapport de 8 à 9. Les tons mineurs, qui correspondent au rapport de 9 à 10, sont de *ré* à *mi* et de *sol* à *la*. Il y a donc dans la gamme trois tons majeurs, deux tons mineurs et deux demi-tons, ainsi disposés :

$$do \frac{1 \text{ ton}}{\text{majeur}} \; ré \frac{1 \text{ ton}}{\text{mineur}} \; mi \frac{1/2}{\text{ton}} \; fa \frac{1 \text{ ton}}{\text{majeur}} \; sol \frac{1 \text{ ton}}{\text{mineur}} \; la \frac{1 \text{ ton}}{\text{majeur}} \; si \frac{1/2}{\text{ton}} \; do$$

Mais, sans nous occuper davantage de cette division rigoureuse de la gamme, et en ne la considérant que comme composée de tons et de demi-tons, nous dirons qu'une seconde majeure est la distance de deux notes séparées par un ton, et qu'une seconde mineure est la distance de deux notes séparées par un demi-ton : seconde majeure, *do-ré;* seconde mineure, *mi-fa.*

Une tierce majeure est la distance de deux notes séparées par deux tons : *do-mi.* Une tierce mineure est la distance de deux notes séparées par un ton et un demi ton : *ré-fa.*

Une quarte juste comprend deux tons et un demi-ton : *do-fa.* Une quarte augmentée ou triton comprend trois tons : *fa-si.*

NOTA. — Il n'y a que ce triton dans la gamme. (Le mot *triton* signifie trois tons.)

Une quinte juste comprend trois tons et un demi-ton : *fa-do.*

On rencontre aussi dans la gamme une quinte diminuée, qui se trouve de la septième note à la quatrième, en continuant la gamme : *si-fa.* Cette quinte comprend deux tons et deux demi-tons : *si* 1/2, *do* 1, *ré* 1, *mi* 1/2, *fa.* Autrefois, on nommait cet intervalle fausse quinte, qualification impropre, qu'on a bien fait de rejeter.

La **sixte majeure** comprend quatre tons et un demi-ton : *do-la*.

La **sixte mineure**, trois tons et deux demi-tons : *mi-do*.

Une **septième majeure** comprend cinq tons et un demi-ton : *do-si*.

Une **septième mineure**, quatre tons et deux demi-tons : *ré-do*.

Le **renversement** d'un intervalle consiste à mettre au grave la note qui se trouvait à l'aigu.

Le renversement d'une seconde est donc une septième; celui d'une tierce donne une sixte, et ainsi de suite, comme le montre le tableau qui précède; mais on doit remarquer, en outre, que le renversement d'un intervalle majeur produit un intervalle mineur, et réciproquement.

Nous nous sommes, jusqu'ici, occupés de la gamme dans son état primitif et naturel, mais on a imaginé des signes qui changent la nature des intervalles ; ce sont le dièse ♯, qui élève d'un demi-ton, et le bémol ♭, qui abaisse d'autant la note à laquelle ils s'appliquent.

L'emploi du bémol est connu depuis des siècles ; mais ce signe ne s'appliquait qu'au *si*, qui prenait dans ce cas le nom de *za*, à la différence du *si* naturel, qu'on appelait *b* dur. Ces dénominations de *b dur* et *b mol* venaient peut-être de ce que la quarte triton (*fa-si*), qui est un intervalle peu agréable, dur et d'une intonation difficile, devient douce et facile en abaissant le *si* d'un demi-ton.

Les dièses et les bémols sont constitutifs ou accidentels. Placés à l'armure de la clef, ils sont constitutifs, parce qu'ils indiquent le ton du morceau et que leur effet s'étend sur toute sa composition. Ils sont accidentels s'ils se rencontrent fortuitement dans le courant du morceau ; ils ne s'appliquent alors qu'à la note devant laquelle ils sont placés, ou, du moins, leur effet ne s'étend pas au-delà de la mesure où ils se trouvent. Si le compositeur voulait élever ou abaisser encore d'un demi-ton une note déjà diésée ou bémolisée, il emploierait le double dièse ✳ ou le double bémol ♭♭. Cette note se trouverait ainsi élevée ou abaissée d'un ton ; mais il est nécessaire de remarquer qu'on n'emploie le double dièse ou le double bémol que pour une note déjà diésée ou bémolisée.

Quand on élève une note d'un demi-ton au moyen d'un dièse

et qu'on abaisse d'un demi-ton au moyen d'un bémol la note immédiatement supérieure qui formait avec la première un intervalle naturel de seconde majeure, on obtient un unisson ou deux sons *identiques*, du moins pour notre oreille, qui n'est pas assez fine pour apprécier la différence que la science démontre exister entre ces deux sons. Cette différence, appelée *comma*, forme, en effet, un intervalle bien faible, puisqu'il en faut à peu près dix pour valoir un ton.

L'intervalle du *do* au *do* dièse forme un demi-ton majeur ; l'intervalle du *do* au *ré* bémol forme un demi-ton mineur. Le premier de ces intervalles est plus grand que le second d'un *comma*, différence insensible d'abord, mais considérable si elle se répète sur une longue succession de notes, puisque, répétée seulement dix fois, elle atteindrait l'intervalle d'un ton. On a remarqué que dans les instruments à sons fixes, et surtout dans le piano, si l'on accordait parfaitement juste toutes les notes de la *partition* (on nomme ainsi une octave prise dans le *medium* de l'instrument), les notes aiguës, c'est-à-dire celles du haut de l'instrument, se trouveraient sensiblement plus élevées que les notes graves. Pour obvier à cet inconvénient, on a recours au *tempérament*, qui consiste à altérer toutes les quintes de la partition. On obtient par ce moyen une justesse relative dans toutes les parties de l'instrument ; mais il faut une grande expérience de la part des facteurs et des accordeurs pour n'altérer ni trop ni trop peu les intervalles de la partition.

Revenons aux dièses : ils sont au nombre de sept, comme les notes de la gamme. On les écrit dans l'ordre suivant, qui n'est pas arbitraire, comme nous le verrons bientôt : *fa, do, sol, ré, la, mi, si*. Les sept bémols s'écrivent dans l'ordre inverse : *si, mi, la, ré, sol, do, fa*.

Le bécarre (♮) placé devant une note sert à lui restituer son intonation naturelle quand cette note a été élevée ou abaissée d'un demi-ton seulement. L'effet du bécarre ne s'étend pas au-delà de cette limite.

XIII

DE LA TONALITÉ

Toutes les compositions musicales ont une note fondamentale qu'on nomme *tonique*. C'est par cette note que commence la gamme du morceau. Elle se connaît soit par l'absence de dièses et de bémols à la clef, soit par le nombre de dièses ou de bémols qui s'y trouvent et qu'on nomme à cause de cela constitutifs, ainsi que nous l'avons déjà dit.

Quand il n'y a ni dièses ni bémols à l'armure de la clef, la tonique, c'est-à-dire la note du ton, est *do*.

Quand il y a des dièses à l'armure de la clef, la tonique, ou la note du ton, est celle qui se trouve immédiatement au-dessus du dernier dièse.

Quand il y a des bémols à l'armure de la clef, la tonique est à la quinte au-dessus du dernier bémol, ou, ce qui revient au même, la tonique est la note de l'avant-dernier bémol, s'il s'en trouve plus d'un, les bémols étant placés de quarte en quarte en montant. Nous savons en effet que le renversement de la quarte est la quinte.

Il ne faut pas croire que l'emploi des dièses ou des bémols pour établir la tonalité d'un morceau soit le résultat du caprice. Toutes les gammes doivent être établies sur la gamme type de *do*, c'est-à-dire avoir les mêmes intervalles relatifs. Voici le tableau de ces intervalles :

$$do \text{ 1 ton } ré \text{ 1 ton, } mi \text{ 1/2 ton } fa \text{ 1 ton } sol \text{ 1 ton } la \text{ 1 ton } si \text{ 1/2 ton } do$$

Quelle que soit la note qui commence une gamme, il faut donc qu'il y ait un demi-ton entre la troisième et la quatrième note, un autre demi-ton entre la septième et la huitième, et un ton entre chacune des autres notes. Une gamme en *la* aura donc nécessairement trois dièses à l'armure de la clef :

$$La \text{ 1 ton } si \text{ 1 ton } do ♮ \text{ 1/2 ton } ré \text{ 1 ton } mi \text{ 1 ton } fa ♮ \text{ 1 ton } sol ♮ \text{ 1/2 ton } la$$

Une gamme en mi ♭ aura trois bémols :

$$mi♭ \text{ 1 ton } fa \text{ 1 ton } sol \text{ 1/2 ton } la♭ \text{ 1 ton } si♭ \text{ 1 ton } do \text{ 1 ton } ré \text{ 1/2 ton } mi♭.$$

On voit par ces exemples la nécessité des dièses comme celle des bémols, pour que les diverses gammes soient semblables à la gamme type de *do*.

XIV

DES MODES

On appelle mode la manière d'être d'une gamme.

Les modes des anciens étaient basés sur la position des demi-tons ; jamais l'étendue d'un mode ne dépassait une octave.

Les six modes principaux des Grecs tiraient leurs noms des pays où ils étaient le plus en usage. De nos jours, on les emploie encore dans le plain-chant, à propos duquel nous en parlerons plus longuement, nous bornant ici à donner leurs noms et l'ordre dans lequel on les classait.

1° Mode dorien,		*ré mi fa sol la si do ré*
2° —	phrygien	*mi fa sol la si do ré mi*
3° —	lydien,	*fa sol la si do ré mi fa*
4° —	mixolydien,	*sol la si do ré mi fa sol*
5° —	éolien,	*la si do ré mi fa sol la*
6° —	ionien,	*do ré mi fa sol la si do*

On doit remarquer, dans le tableau qui précède, la position des demi-tons qui, comme dans notre système actuel, établit la tonalité.

Les modernes n'emploient que deux modes : le majeur et le mineur. Il n'y a pas très-longtemps qu'un théoricien voulut établir un troisième mode, qu'il appelait mixte. Il commençait la gamme par un demi-ton. Si cette idée avait été admise, elle eût peut-être donné lieu à de nouvelles combinaisons toniques.

Le mode majeur est celui dont la gamme commence par une tierce majeure, et le mode mineur la commence par une tierce mineure.

Avec la même armure de la clef, on peut être soit dans le ton du mode majeur qu'on nomme primitif, soit dans un autre ton nommé relatif, qui est toujours du mode mineur et une tierce mineure au-dessous du ton primitif. Supposons par exemple un morceau écrit sans dièses ni bémols à la clef : il peut être dans le ton primitif de *do*, c'est-à-dire écrit avec la gamme type *do, ré, mi, fa, sol, la, si, do*; mais il est possible aussi qu'il soit écrit dans le ton relatif de *la*, c'est-à-dire écrit avec la gamme *la, si, do, ré, mi, fa, sol, la*. La première de ces gammes est majeure, puisque la tierce *do mi* est majeure. La seconde gamme est mineure, puisque la tierce *la do* est mineure.

L'analogie, l'affinité, la relation qui existe entre le ton majeur et le ton mineur correspondant vient de ce que, dans leur tierce et leur quinte, il se trouve deux notes semblables : ton majeur, *do mi sol;* — ton mineur, *la do mi*.

Il est assez difficile aux élèves de saisir le ton d'un morceau et de bien comprendre la première phrase, qui doit être dans le ton général. Le moyen le plus simple et le plus vulgaire pour s'assurer du ton consiste à voir si, dans la première phrase musicale, on rencontre la note qui se trouverait un demi-ton au-dessous de la tonique mineure, note qu'on appelle sensible, par le besoin qu'on éprouve, après l'avoir entendue, d'arriver à la tonique.

Si dans les huit premières mesures du morceau (phrase des plus longues), on rencontre cette note sensible, c'est une preuve qu'il est écrit dans le ton relatif ou mineur. S'il n'est pas absolument impossible qu'on soit en ton mineur sans que la note sensible se trouve dans la première phrase, ce cas est au moins très-rare, et presque toujours l'absence de cette note prouve qu'on est en ton majeur.

Éclaircissons tout cela par un exemple. Supposons un morceau qui aurait deux dièses à l'armure de la clef; il pourrai être dans le ton primitif de *ré* majeur, ou dans le ton relatif de *si* mineur : l'une et l'autre de ces gammes exigent en effet deux dièses.

Si dans les huit premières mesures du morceau on trouve un *la* dièse, on peut, sans se préoccuper des autres notes, le considérer comme écrit en *si* mineur, ton relatif de *ré*.

Il faut remarquer que les gammes mineures ne se font pas en montant de la même manière qu'en descendant. La nécessité de la note sensible, en montant, exige certains changements qui ne sont plus nécessaires quand on suit la progression descendante.

Certains théoriciens n'admettent pas cette forme de gamme ascendante et veulent qu'on l'établisse ainsi :

Une des grandes raisons qui militent pour la première forme, c'est que, dans la gamme, il ne doit pas se rencontrer d'intervalle plus grand qu'un ton. Mais certains compositeurs ne considèrent pas cette raison comme décisive et tiennent pour la seconde forme.

Maintenant que nous sommes familiarisés avec les dièses et les bémols, revenons par une marche rétrospective aux gammes chromatiques. Le mot chromatique vient du grec *chrôma* (χρῶμα), couleur, parce que les anciens écrivaient ce genre de musique au moyen de diverses couleurs.

La gamme chromatique procède par demi-tons. On peut la construire de deux manières : soit en employant les dièses, soit en se servant des bémols.

On voit que chacune de ces gammes renferme douze demi-tons. On connaît aussi des gammes enharmoniques pour la formation desquelles on emploie les notes sous leur triple forme, c'est-à-dire bémolisées, naturelles et diésées. Quoique ces gammes ne soient guère usitées, en voici un exemple :

Les Grecs possédaient un système entier de ces demi-tons et le nommaient, comme nous venons de le dire, *enharmonique*. Il était fort en usage, et Aristide Quintilien dit que les compositions musicales écrites dans ce genre étaient les plus aimées du public.

De nos jours, plusieurs savants et amateurs de musique, M. Vincent, M. Durutte, etc., ont tenté de ressusciter parmi nous le système enharmonique. Des pianos ont été construits dans ces conditions. Nous ignorons si ces essais ont complétement réussi. Nous pensons que si de semblables tentatives avaient du succès, elles offriraient le grand avantage d'enrichir la musique de tonalités nouvelles, et qu'elles pourraient devenir la source de combinaisons tonales et d'effets dont nous n'avons aucune idée.

Nous croyons devoir terminer ce chapitre par le tableau complet des tons et des modes modernes.

<table>
<tr><td colspan="2" align="center">MODES MAJEURS.</td><td align="center">MODES MINEURS.</td></tr>
<tr><td colspan="2">Ni dièse ni bémol à la clef : Tonique,. do naturel.</td><td>Tonique, la naturel.</td></tr>
<tr><td>Un dièse.....</td><td>(fa♯).....................</td><td>sol naturel...... mi naturel.</td></tr>
<tr><td>Deux dièses ..</td><td>(fa♯ do♯)...............</td><td>ré naturel...... si naturel.</td></tr>
<tr><td>Trois dièses...</td><td>(fa♯ do♯ sol♯)..........</td><td>la naturel...... fa♯.</td></tr>
<tr><td>Quatre dièses.</td><td>(fa♯ do♯ sol♯ ré♯).........</td><td>mi naturel...... do♯.</td></tr>
<tr><td>Cinq dièses...</td><td>(fa♯ do♯ sol♯ ré♯ la♯)......</td><td>si naturel...... sol♯.</td></tr>
<tr><td>Six dièses....</td><td>(fa♯ do♯ sol♯ ré♯ la♯ mi♯)..</td><td>fa♯...... re♯.</td></tr>
<tr><td>Sept dièses...</td><td>(fa♯do♯sol♯ré♯la♯mi♯si♯)</td><td>do♯........... la♯.</td></tr>
<tr><td>Un bémol....</td><td>(si♭)....................</td><td>fa naturel...... re naturel.</td></tr>
<tr><td>Deux bémols.</td><td>(si♭ mi♭)................</td><td>si♭........... sol naturel.</td></tr>
<tr><td>Trois bémols..</td><td>(si♭ mi♭ la♭)............</td><td>mi♭......... do naturel.</td></tr>
<tr><td>Quatre bémols.</td><td>(si♭ mi♭ la♭ ré♭) ....</td><td>la♭..... fa naturel.</td></tr>
<tr><td>Cinq bémols..</td><td>(si♭ mi♭ la♭ ré♭ sol♭)......</td><td>ré♭........... si♭.</td></tr>
<tr><td>Six bémols...</td><td>(si♭ mi♭ la♭ ré♭ sol♭ do♭).</td><td>sol♭........... mi♭.</td></tr>
<tr><td>Sept bémols..</td><td>(si♭ mi♭ la♭ ré♭ sol♭ do♭ fa♭).</td><td>do♭........... la♭.</td></tr>
</table>

XV.

DES MODULATIONS

Un morceau de musique n'est pas écrit dans la même tonalité du commencement à la fin. Cette uniformité de ton le rendrait froid et monotone (μονος τονος). On remarque cependant que l'air français *Vive Henri IV!* et le *God save the King* anglais ne *modulent* pas. C'est une singularité. Les changements de tonalité que l'on rencontre dans le cours d'un morceau s'appellent *modulations*. Ces modulations doivent avoir pendant leur durée le caractère d'un ton permanent, c'est-à-dire les dièses et les bémols qui déterminent le nouveau ton.

Pour rendre ceci plus sensible, prenons un exemple : supposons un morceau de musique écrit dans le ton de *do ;* il n'a, par conséquent, ni dièses ni bémols à l'armure de la clef. Si le chant modulait en *sol,* c'est-à-dire passait dans le ton de *sol,* il y aurait dès lors une nouvelle tonalité qui nécessiterait un dièse ; en d'autres termes, il faudrait que tous les *fa* fussent diésés, tant que la modulation serait entendue. Si le chant passait dans le ton de *mi* bénol majeur, il faudrait que tous les *si*, tous les *mi*, tous les *la* que l'on rencontrerait pendant la modulation fussent précédés d'un bémol, parce que ces trois bémols (*si*, *mi*, *la*) sont le signe distinctif du ton de *mi* bémol majeur.

Il est de règle presque absolue que la première et la dernière phrase d'une composition musicale soient dans le ton du morceau. Cependant il arrive, mais rarement, que, soit caprice, soit avec l'intention de produire un effet particulier, des compositeurs terminent un morceau dans un autre ton que le principal. On trouve des morceaux écrits dans le mode mineur qui se terminent par la même tonique, mais en mode majeur. C'est ce qu'on nomme *tierce picarde*, peut-être parce qu'en Picardie on remarque dans les chants beaucoup de finales de cette nature.

XVI

DES MESURES

On appelle mesures, les divisions de la durée d'un morceau.

Autrefois, comme nous l'avons dit, les notes avaient des valeurs extrêmement prolongées. La musique destinée au chant n'exigeait pas une très-grande précision et n'offrait pas la division mathématique si nécessaire de nos jours. On saisissait facilement la valeur relative des longues et des brèves. Mais vers le xviie siècle, au milieu des efforts que faisait la musique pour déchirer ses langes usés par le temps, on arriva bientôt à une exécution plus rapide qui nécessita de nouvelles formes de notes. Ce fut alors qu'on établit des divisions régulières, indiquées par de petites barres perpendiculaires nommées mesures. D'abord ces barres ne se marquèrent que de quatre en quatre mesures, ou même de huit en huit. Plus tard, chaque mesure fut séparée par une de ces barres.

Ces divisions facilitent singulièrement la bonne exécution de la musique en régularisant certains groupes rhythmiques subdivisés en *temps*. Ces temps sont indiqués par les mouvements que fait la main suivant la composition de la mesure.

La durée la plus longue d'une mesure égale celle d'une ronde. La ronde étant donc prise pour l'unité de mesure, toutes ses divisions peuvent former une mesure, soit binaire, c'est-à-dire par divisions en nombre pair, se battant à deux temps; soit ternaire, c'est-à-dire par divisions en nombre impair, se battant à trois temps.

La mesure à deux temps se bat ainsi : le premier temps frappé, le second levé.

La mesure à trois temps se bat, le premier temps frappé, le second à droite, le troisième levé.

La mesure à quatre temps n'est selon nous qu'une mesure à deux temps doublée. Son utilité vient de ce que, s'il y avait un grand nombre de notes dans chaque division d'une mesure à deux temps, ces temps seraient moins faciles à subdiviser que dans la mesure à quatre temps. Cette mesure se bat ainsi : le premier temps frappé, le second à gauche, le troisième à droite et le quatrième levé.

On divise les mesures en simples, composées et dérivées. Les mesures simples sont celles qui ont la noire pour unité de temps, c'est-à-dire la durée d'une noire par chaque mouvement de la main. Les mesures composées ont plus de la valeur d'une noire par temps, et les mesures dérivées ont moins d'une noire par temps.

Nous avons dit que la ronde représente l'unité de mesure. La mesure à deux temps qui se compose de deux noires valant deux quatrièmes de ronde, sera donc indiquée par le chiffre fractionnaire $\frac{2}{4}$. Si l'on rencontre au commencement d'une pièce de musique un deux seul (2), cette mesure se compose alors de deux blanches.

Une mesure à trois temps, se composant des trois quarts de la ronde, se marque ainsi $\frac{3}{4}$ ou simplement par un trois (3).

La mesure à quatre temps, qui se compose de quatre noires ou d'une ronde, s'indique au moyen d'un grand 𝄴, quelquefois au moyen d'un 4 ou d'un C barré 𝄵; dans ce cas, le mouvement du morceau est plus rapide et se bat à deux temps.

Nous avons dit que toutes les fractions de la ronde pouvaient donner naissance à autant de mesures. Voici l'indication des principales mesures usitées :

Mesures binaires : $\frac{2}{4}$ $\frac{6}{4}$ $\frac{6}{8}$ $\frac{12}{4}$ $\frac{12}{8}$ etc.

Mesures ternaires : $\frac{3}{2}$ $\frac{3}{4}$ $\frac{3}{8}$ $\frac{9}{4}$ $\frac{9}{8}$ etc.

Parmi ces diverses mesures, plusieurs sont assez rarement employées.

Les élèves éprouvent quelquefois de la difficulté pour reconnaître si une mesure, surtout composée ou dérivée, se bat à deux ou à trois temps. Cette incertitude est facile à dissiper. Il suffit de regarder si le chiffre supérieur, c'est-à-dire le numérateur de la fraction, est divisible par deux.

Dans ce cas la mesure est binaire. Si, au contraire, le chiffre supérieur n'est pas exactement divisible par deux, la mesure est ternaire.

Les temps d'une mesure ne sont pas également marqués. Il y a des temps forts et des temps faibles. Les temps forts servent beaucoup à marquer le rhythme. Ces temps sont le premier et le troisième dans la mesure à quatre temps; dans la mesure à trois temps, le premier seul est fort.

Disons un mot d'une mesure irrégulière au premier aspect et d'un usage peu ordinaire : c'est la mesure à cinq temps. Nous l'avons entendue pour la première fois dans l'air de ténor de *la Dame blanche: Déjà la nuit*, etc. Depuis, nous croyons l'avoir remarquée dans un morceau tout entier de Verdi. On la décompose ordinairement en une mesure à trois temps suivie d'une mesure à deux temps.

Les Grecs, au lieu d'employer les mesures, indiquaient le rhythme de leurs chants au moyen des pieds de leur versification. Ils avaient par conséquent un nombre considérable de rhythmes différents. Ce n'est pas ici le lieu d'en faire l'énumération ; nous en donnerons seulement un spécimen par le rhythme appelé égal.

Le trochée — ◡   comprenait une note longue et une brève ;
L'iambe ◡ —   une brève et une longue ;
Le spondée — —   deux longues ;
Le dactyle — ◡◡   une longue et deux brèves ;
L'anapeste ◡◡ —   deux brèves et une longue.

Quelquefois on met dans un temps trois notes qui ne comptent que pour deux de la même espèce ; c'est ce qu'on nomme triolet. Cette division de notes doit toujours être indiquée par un 3.

Exemple de croches divisées en triolets dans une mesure à deux temps :

Il est bien évident que les triolets diminuent la valeur des notes, puisque trois n'en valent que deux de la même espèce. On peut aussi grouper les notes par six (formant deux triolets réunis), en plaçant au-dessus le chiffre 6.

Il est d'une absolue nécessité de placer au-dessus des groupes le chiffre 3 ou le chiffre 6, car sans cette indication, en chantant à livre ouvert, on distinguerait difficilement les triolets des autres valeurs de notes.

Il est d'usage de grouper autant que possible les croches

deux par deux dans la mesure à deux ou à trois temps, et par trois dans la mesure à six-huit.

Souvent, pour simplifier la manière d'écrire un grand nombre de notes semblables, on a recours à l'abréviation suivante : une note écrite ainsi ♩ équivaut à une noire en croches, c'est-à-dire à deux croches ; une blanche barrée ♩ s'exécute comme quatre croches. S'il y avait deux barres ♩ , on exécuterait huit doubles croches ; pour une noire pointée barrée ♩· , on ferait trois croches, et ainsi de suite.

XVII

DES SYNCOPES

Il peut arriver qu'un temps frappe sur le milieu d'une note ;
cette note prend alors le nom de syncope.

Dans les deux premières mesures ci-dessus, les deux blanches sont des syncopes, parce que le troisième temps de la mesure frappe sur la moitié de chacune de ces notes. Dans la
troisième et la quatrième mesure, un temps frappe le milieu de
chaque noire ; cette noire est donc aussi une syncope.

Il arrive souvent qu'on prolonge une note d'une mesure sur
l'autre, quand la phrase musicale l'exige, comme on le voit de
la troisième à la quatrième mesure ; c'est encore une syncope.

Quelques anciens musiciens ont conservé l'habitude de syncoper dans l'exécution d'une manière énergique. C'est selon nous un tort : la position et la valeur des notes syncopées suffisent complétement à en assurer l'effet, excepté dans quelques cas fort rares.

XVIII

DES MOUVEMENTS

Pour indiquer le degré de vitesse ou de lenteur qu'on doit donner à l'exécution d'un morceau, on se sert de mots italiens dont voici la signification :

Largo.	mouvement très-lent ;
Adagio.	lent ;
Andante.	modéré ;
Allegro.	vif ;
Presto.	très-vif.

Il y a une très-grande quantité d'autres mouvements, tels que *grave; larghetto*, diminutif de *largo; andantino*, diminutif d'*andante; allegretto*, moins vite qu'*allegro; prestissimo*, superlatif de *presto; vivace*, mouvement très-rapide, etc. Tous ces mots indiquent seulement des modifications des cinq mouvements principaux.

Nous ne possédons malheureusement aucune indication précise des mouvements de l'ancienne musique ; cependant on est certain, par la tradition, du caractère de la musique de Gluck, de Sacchini, etc. Nous nous rappelons avoir vu, au Conservatoire, des chanteurs célèbres demander à Garat la manière de chanter les œuvres de ces grands maîtres. Il n'en est pas ainsi de la musique du xviie siècle. qu'on ne pourrait exécuter qu'en tâtonnant et sans aucune certitude. Les longues valeurs des chants antérieurs employées, même pour la poésie érotique et les chansons de Guillaume IX, comte de Champagne, d'Adam de la Halle, etc., indiquent un caractère lent qui se rapproche du plain-chant.

Souvent on place, après le mot qui détermine le mouvement, d'autres mots, presque toujours italiens, qui servent à indiquer le caractère du morceau. En voici quelques-uns avec leur signification :

Affettuoso,	composition qui demande une grande douceur d'exécution.
Agitato,	indique de l'entraînement. de la vivacité, enfin de l'agitation.
Amoroso,	caractère doux et tendre.
Tempo giusto,	mouvement très-régulier.
Maestoso,	exécution large et majestueuse.
Cantabile,	douceur du chant jointe, à beaucoup de style.
Con brio,	d'une manière brillante, éclatante.
Spiritoso,	avec vivacité, légèreté et délicatesse.
Assaï,	veut dire beaucoup.
Solo,	indique une pièce ou un passage exécuté par un seul musicien.
Ripiene,	ce mot indique en général l'accompagnement.

Arrêtons-nous! Un volume ne suffirait pas à la nomenclature des mots que quelques compositeurs emploient.

Revenons à l'embarras où l'on se trouve de nos jours pour connaître les mouvements exacts de la musique écrite par les compositeurs du dernier siècle. Il n'existait aucun moyen d'indiquer avec une précision rigoureuse le degré de lenteur ou de vivacité de leurs compositions. Nous connaissons tels morceaux de Boccherini, avec l'indication *allegro*, qui s'exécutent plus lentement que certains *andante* de Mozart ou de Beethoven. La tradition, le goût surtout et le sentiment indiquent seuls aux vrais artistes le mouvement qu'il faut donner à la pièce qu'ils exécutent. Il suit de là que les musiciens, surtout en province, qui n'ont pas entendu ces morceaux exécutés par les maîtres, sont exposés à n'en saisir ni le sens ni le vrai caractère.

Pour obvier à cet inconvénient qui n'avait pas échappé à nos ancêtres, on a, depuis plus d'un siècle, fait des essais, imaginé des moyens, la plupart ingénieux, destinés à indiquer d'une manière précise le mouvement d'un morceau.

Dès 1698, Loullié avait construit une machine qu'il nommait déjà chronomètre. Le savant mathématicien Sauveur avait inventé un instrument dans le même but. Parlerons-nous d'Harrisson, de Duclos, de Bréguet, de Davaux, de notre contemporain Despréaux, de Neukomme, de Winkel?.... Voilà, croyons-nous, une liste de savants, de théoriciens, de mathématiciens, qui, bien qu'elle soit très-incomplète, suffit à montrer combien cet objet a paru important. Nous nous sommes réservé de clore cette longue série de noms par celui de Maëlzel, qui, s'il n'a pas eu l'idée mère, est du moins arrivé le plus près de la perfection. Nous croyons inutile de décrire son invention, parce que le métronome est sur tous les pupitres.

L'emploi de cet instrument présente un immense avantage aux compositeurs et aux exécutants. Les premiers indiquent d'une manière certaine le mouvement exact qu'ils veulent donner à leurs œuvres ; les seconds ne sont plus embarrassés pour donner à la pièce qu'ils interprètent son véritable caractère.

Quoique le prix d'un métronome ne soit pas très-élevé (18 à 25 francs), des personnes économes ont imaginé de le remplacer par un appareil des plus simples et des plus faciles à confectionner. Il consiste en un fil à plomb ordinaire. Pour déterminer quelle longueur il faut lui donner, afin que ses oscillations soient égales aux battements du métronome, on a dressé un tableau que nous ne donnons qu'en partie, à cause de son étendue.

Métronome de Maëlzel.		Longueur à donner au fil du métronome métrique pour correspondre au métromone de Maëlzel.	
Numéro	208.	Mètres	0,080.
—	200.	—	0,085.
—	192.	—	0,090.
—	184.	—	0,100.
—	176.	—	0,110.
—	168.	—	0,120.
—	160.	—	0,130.
—	152.	—	0,145.
—	144.	—	0,160.
—	138.	—	0,170.
—	132.	—	0,180.
—	126.	—	0,205.
—	120.	—	0,230.
—	116.	—	0,245.
—	112.	—	0,260.
—	108.	—	0,290.
—	104.	—	0,320.
—	100.	—	0,330.
—	96.	—	0,350.
—	92.	—	0,400.
—	88.	—	0,440.
—	84.	—	0,480.
—	80.	—	0,520.
—	76.	—	0,640.
—	69.	—	0,680.
—	66.	—	0,720.
—	63.	—	0,820.
—	60.	—	0,920.
—	58.	—	0,980.
—	56.	—	1,040.
—	52.	—	1,280.
—	50.	—	1,320.
—	48.	—	1,440.
—	46.	—	1,600.
—	44.	—	1,770.
—	42.	—	1,920.
—	40.	—	2,080.

XIX

DES DIFFÉRENTS SIGNES

Indépendamment des moyens d'indiquer le rhythme et le sens général d'un morceau dont il vient d'être parlé dans le chapitre précédent, on emploie différents mots, différents signes, qui, placés au cours du morceau lui-même, permettent à l'auteur de compléter l'indication de sa pensée, en signalant le caractère particulier, l'expression, les nuances des différents passages. *Forte, piano, crescendo, diminuendo, port de voix*, tels sont quelques-uns de ces mots le plus en usage. Ordinairement on se contente d'en écrire la première lettre : ainsi, *f* indique la nuance forte, *ff* signifient très-fort ; on va quelquefois jusqu'à trois *fff;* c'est le *fortissime. P.* indique la nuance douce et faible. Pour le *piano* comme pour le *forte* on double quelquefois le signe *pp*, et l'on va même jusqu'à trois *ppp, pianissimo.* Souvent on se contente d'écrire les quatre premières lettres de *cres-*

cendo, cres. On dit que c'est Mazzocchi qui employa le premier les indications si nécessaires de *forte, piano* et *crescendo.* Le signe ◁ indique qu'il faut commencer la note ou le passage *piano* et augmenter, *crescendo,* l'intensité du son jusqu'au *forte.* Quand le signe est renversé ▷, l'effet contraire se produit, c'est-à-dire que l'on commence *forte* pour finir *piano.* La réunion des deux signes ◁▷ produit la réunion des deux effets. C'est le *port de voix* qui consiste à commencer *piano* la note ou le trait, pour aller *crescendo* jusqu'au milieu et finir en mourant. Un renvoi se marque ainsi ℀; il signifie qu'il faut reprendre au signe semblable, afin de répéter la phrase ou le passage qu'on vient d'exécuter. Une *reprise* se compose de deux grosses barres perpendiculaires ‖ et se place dans le courant d'un morceau pour indiquer qu'on doit recommencer ou *reprendre* où l'on s'était arrêté. Les reprises sont armées de points qui servent à guider l'exécutant en le renvoyant aux points correspondants d'une reprise précédente. Ainsi, supposons qu'il y ait dans un morceau quatre reprises : ‖ ‖ ‖ ‖, arrivé à la reprise

_{1 2 3 4}

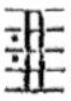

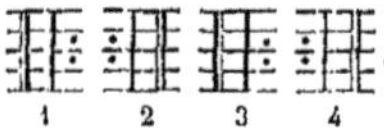

n° 2, on revient à la reprise n° 1, et de la reprise n° 4 on revient à la reprise n° 3 ; mais on ne revient pas de la mesure n° 3 à celle n° 2, parce qu'il n'y a pas de points correspondant de l'une à l'autre.

Quelquefois une reprise se trouve placée entre ces indications ⌢ ⌢ Cela arrive quand la dernière phrase musicale d'une reprise s'enchaîne avec le commencement de la reprise précédente.

EXEMPLE :

Quand, après avoir recommencé suivant l'indication de la reprise, on arrive pour la seconde fois à cette reprise, on passe la mesure sur laquelle est écrit ⁀1re fois et l'on exécute à la place celle qui porte à l'indication ⁀2e fois.

Les lettres D. C. sont une abréviation de *Da capo* et renvoient au commencement du morceau. C'est Scarlati qui, le premier, en a fait usage. Souvent ces lettres sont suivies des mots *al fine ;* elles signifient alors qu'on doit remonter au commencement du morceau et suivre jusqu'au mot *fin* qu'on rencontre infailliblement.

Les mots *ad libitum*, à volonté, s'expliquent d'eux-mêmes ; ils annoncent que le compositeur laisse à l'exécutant la liberté de presser, ralentir, nuancer à son gré le passage. Ces mots ont à peu près le même sens que l'expression *a piacer* (selon votre bon plaisir).

Ritardendo exige un léger ralentissement de la phrase musicale.

On marque d'un arc ⌒ deux notes ou un plus grand

nombre qu'on veut lier ensemble. Si la liaison n'embrasse que deux notes pour en faire sentir l'effet, on abrége la deuxième note de la moitié de sa valeur.

EXEMPLE :

Effet produit par l'exécution :

Comme rien ne doit troubler le cours ni la *régularité* de la mesure, on remplace par des silences ce qu'on enlève dans l'exécution à la valeur de la seconde note, comme on le voit dans l'exemple précédent. Si l'on avait plusieurs notes à lier, on les ferait égales en marquant seulement un peu la première pour faire sentir la liaison.

Le *staccato* est une espèce de liaison qui se marque ainsi : et qui réunit, par conséquent, les signes du piqué et du coulé. Aussi l'exécute-t-on en articulant chaque note, tout en la liant soit par une aspiration de la voix, soit par un même coup d'archet sur un instrument à cordes, soit par un même souffle dans un instrument à vent.

XX

DE LA MÉLODIE

Le mot mélodie, pris dans l'acception la plus ordinaire, signifie soit un chant exécuté par une seule voix ou par plusieurs personnes chantant à l'unisson, soit une composition dite par un seul instrument ou par plusieurs instruments aussi à l'unisson.

La mélodie est le fruit de l'imagination ou de l'inspiration ; elle n'a besoin, pour se produire, d'aucune règle autre que le goût, le sentiment, l'émotion ; elle a, toutefois, des convenances qu'on ne doit pas violer.

On sait les grands effets produits par des masses considérables chantant à l'unisson, et la vive impression qu'on éprouve dans les temples, quand quelques beaux passages de la liturgie sont entonnés par des voix nombreuses qui n'offrent de variété que celle des différents timbres.

[illegible]

[illegible]

[illegible] [illegible] [illegible] [illegible]

[illegible] [illegible] [illegible] [illegible]

[illegible] [illegible] [illegible] [illegible] [illegible]

XXI

DE L'HARMONIE

L'harmonie est une suite d'accords ; un accord est la réunion de plusieurs sons frappés ensemble. Il suit de là que pour faire de l'harmonie il faut être au moins deux, ou produire au moins deux sons simultanés ; c'est déjà de la science.

L'harmonie a pour base le son principal et ses concomitants (1). Les physiciens ont démontré que tous les sons appréciables sont compris dans huit octaves dont la note la plus grave fait environ trente vibrations par seconde, et dont la note la plus aiguë fait sept mille cinq cent cinquante-deux vibrations dans le même laps de temps.

---

(1) Quand on fait vibrer fortement un corps sonore, on distingue outre le son principal d'autres sons accessoires simultanés, parmi lesquels les deux plus saillants sont, l'un à la douzième, l'autre à la dix-septième. En les rapprochant du son principal on obtient la quinte et la tierce, c'est-à-dire l'accord parfait *(do, mi, sol)*, base de l'harmonie.

On comprend qu'un son isolé ne peut être faux par lui-même, ce qui lui donne ce caractère, c'est son rapport harmonique avec un autre son.

L'harmonie est aussi naturelle à l'homme que la mélodie. Un auteur a dit que la nature en donnant à l'homme différents timbres de voix semble avoir voulu lui donner l'idée de l'harmonie.

Nos anciens entendaient par le mot harmonie une union convenable entre différentes parties, ce qui est juste, et ils appliquaient une seule et même définition à l'harmonie et à la mélodie. Tinctor, dans sa définition des termes de la musique, dit expressément : *Melodia est idem quod harmonia,* la mélodie est la même chose que l'harmonie. Plus loin il ajoute : l'harmonie est la même chose que la mélodie, *harmonia idem est quod melodia.*

Si nous arrêtons notre esprit sur cette union, sur cette confraternité qui existe entre deux parties si essentielles de la musique, nous serons étonnés que l'harmonie, c'est-à-dire la science, ait rencontré tant d'adversaires et de détracteurs. Certains auteurs la proscrivent d'une manière absolue. J.-J. Rousseau l'appelle une invention barbare et gothique ; suivant lui, les consonnances les plus parfaites déplaisent à l'oreille. Il est vrai qu'ailleurs, dans son article *de l'Unité de mélodie,* par une contradiction singulière, il prodigue à l'harmonie les plus grands éloges.

Depuis Franco (1080) jusqu'à Marchetto de Padoue (1274),

la mélodie et l'harmonie firent peu de progrès. Jean des Murrs (de Muris) imagina de nouvelles règles nécessitées par de nouveaux besoins (1350). Jean Tinctor (1470) fit faire un nouveau pas à la science. Enfin Gaforio (1496) donna des règles beaucoup plus étendues sur la progression des accords.

L'invention de l'imprimerie, qui eut tant d'influence sur les progrès des sciences et des lettres, ne contribua pas moins à ceux de la musique.

Aux xv⁰ et xvi⁰ siècles les compositeurs ne sentirent pas assez la nécessité de joindre la mélodie à l'harmonie. Épris de la nouvelle science, ils s'y livrèrent aveuglément et dédaignèrent le chant pour ne s'occuper que de madrigaux, de canons, de compositions à neuf, dix et jusqu'à vingt parties. Ces tours de force ne leur permettaient pas de comprendre que la perfection de la musique consiste dans un beau chant, dans une belle inspiration mélodique soutenue par de riches et harmonieux accompagnements.

Le nombre des compositeurs qui ont possédé à un égal degré l'inspiration et la science est peu considérable. On doit citer en première ligne : Mozart! le grand Mozart! Gluck, Beethoven, Haydn, Meyerbeer, Halévy, Cherubini, tous musiciens complets. Parmi ces grands compositeurs, nous n'osons placer Rossini, l'homme de l'inspiration et du génie. Certes il serait le premier de tous, s'il avait la science de l'un de ces maîtres.

Il est arrivé trop souvent que des compositeurs très-remarquables sous le rapport de l'inspiration et du génie musical ont manqué totalement de science. Combien leurs œuvres déjà si belles n'eussent-elles pas gagné à être soutenues et enrichies par de beaux accompagnements ! Que n'eussent pas été, par exemple, les œuvres de Grétry, ce grand peintre du sentiment, ce scrutateur si profond du cœur humain, cet auteur si versé dans la science scénique !

Plus souvent encore des compositeurs pleins de science ont manqué complétement de ce feu divin, de ce soleil éblouissant qu'on nomme le génie et qui seul fait éclore les chefs-d'œuvre. Nous ne citerons que l'exemple de Reicha, que nous avons été assez heureux pour connaître d'une manière très-particulière. Une fugue, un contre-point double, triple, n'étaient que des jeux d'enfant pour ce théoricien habile ; mais une phrase de chant lui coûtait de la réflexion, et si quelque idée gracieuse venait à germer sous sa plume, il la tournait, la retournait, la décomposait, la torturait de cent manières pour lui faire produire tous les effets harmoniques dont elle était susceptible. C'était superbe comme science, mais ce n'était plus la phrase inspirée.

XXII

DU SOLFÉGE

L'étude de la musique vocale comprend quatre exercices également essentiels : la lecture rhythmique, le solfége, la vocalisation et le chant.

La lecture rhythmique consiste à nommer les notes à haute voix en donnant à chacune d'elles sa durée. Cet exercice simplifie beaucoup les premières études. Autrefois, on commençait par solfier, chose déjà difficile.

Pour solfier on nomme les notes en leur donnant non-seulement leur durée, mais encore leur intonation. Cette étude devient facile quand on possède bien la lecture rhythmique.

On commença d'abord à solfier en employant les lettres grammaticales. Depuis, en Italie et en France, on substitua aux lettres les syllabes de Guy d'Arrezzo, complétées par le *si* de Lemaire, et plus tard on changea l'*ut* en *do*. Voyez ce que nous avons dit plus haut de ces changements, notamment dans notre chapitre V. Au milieu de ees petites révolutions, les Allemands et les Anglais ont conservé l'usage des lettres :

c	d	e	f	g	a	b	h
ut	*ré*	*mi*	*fa*	*sol*	*la*	*si♭*	*si♮*

Ces deux nations se trouvent, à cet égard, comme le remarque un savant auteur, à peu près au point où en étaient les musiciens au moyen âge, après la réforme de saint Grégoire.

Il paraît que, dans les Pays-Bas, quelques écoles solfient sur les syllabes, *bo, ce, di, ga, lo, ma, ni*. Cette manière porte le nom de bobisation. Elle fut inventée par Waelrant, célèbre musicien belge, qui vivait en 1547. En France on nomme cette manière de solfier solmisation belge. Daniel Hitzler proposa de changer cette méthode et de la remplacer par les syllabes : *la, be, ce, de, me, fe, ge*. Un auteur allemand, Graun, voulait de son temps faire adopter ce qu'il nommait la damenisation, c'est-à-dire les syllabes *da, me, ni, po, tu, la, be*. Sa principale raison était puisée dans cette considération, que les syllabes qu'il proposait étaient plus harmonieuses que les autres.

Le savant mathématicien Sauveur avait imaginé, lui aussi, de changer les noms des notes et de leur substituer les huit syllabes : *pa, ra, ga, da, so, bo, lo, do*.

Nous ne pousserons pas plus loin l'énumération des auteurs

qui ont tenté de remplacer les dénomination de Guy d'Arezzo.
Ces dénominations nous semblent satisfaire aussi bien qu'au-
cunes autres aux besoins de la sonorité. Mais nous dirons un
mot de l'idée simple et originale du curé Démotz de la Salle,
qui présenta à l'Académie des sciences, en 1728, un système de
notation dont voici un aperçu. Ajoutons qu'il avait fait imprimer
d'après ce système un graduel qui fut quelque temps en usage
dans son pays.

L'idée mère de sa notation se figure ainsi : 　　　En voici
le détail :

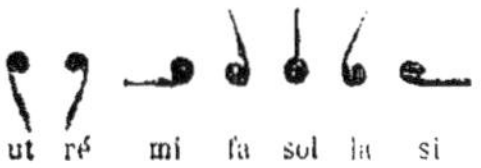

ut　ré　mi　fa　sol　la　si

Les différentes octaves étaient distinguées par la forme des
notes. Dans la première octave, les notes formaient des carrés
vides 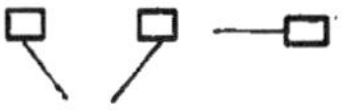　etc.; dans la seconde octave, elles formaient

ut　ré　mi

des carrés pleins 　etc.; dans la troisième, les notes
avaient la forme que nous avons donnée ci-dessus : 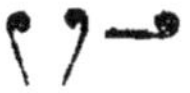　, etc.
Il est inutile de pousser plus loin l'indication de ces formes
par lesquelles Démotz de la Salle était allé jusqu'à désigner six
octaves.

La valeur des notes était marquée de la manière suivante :
La ronde 　, etc.; la noire 　, etc.; la croche 　,
etc.; la double croche 　, etc.; la triple croche 　, etc ;
la quadruple croche 　, etc. ·

Ce système put suffire à son auteur pour faire exécuter dans son église beaucoup de pièces de plain-chant fort simples; mais il ne tarda pas à être abandonné à cause de son insuffisance réelle pour toute autre musique.

Il n'est pas possible de passer sous silence l'idée si chère à J.-J. Rousseau d'employer les chiffres pour représenter les sons. Il est probable, quoiqu'il ne le dise pas formellement, qu'il puisa cette idée dans un ouvrage du père Souhaiti, publié en 1677. Rousseau s'efforça par de nombreux écrits, tous postérieurs à cette date, d'opérer une révolution dans la musique. De nos jours, bon nombre de novateurs cherchent encore à faire prévaloir cette méthode. Les Galin, les Paris, et bien d'autres écrivains, travaillent avec ardeur à faire abandonner l'ancienne manière d'écrire la musique. Nous voyons les murs de Paris couverts d'affiches annonçant les cours de musique chiffrée, professés sous les auspices du médecin Chevé. Il serait facile de démontrer combien, malgré quelques avantages apparents, ce système est pauvre et présente au fond d'inconvénients; nous nous bornerons à en signaler un seul. En supposant qu'on adopte cette solmisation et qu'elle devienne d'un usage universel, que deviendront alors les compositions antérieures, ces chefs-d'œuvre de tous les pays? Il faudra nécessairement que les musiciens par chiffres apprennent l'ancienne langue musicale, ou que, pour leur plaire, on réimprime à leur usage ces montagnes de chefs-d'œuvre antérieurs.

Jue, élève de Galin, et l'un des plus ardents partisans des chiffres, ne peut s'empêcher d'avouer leur insuffisance. Qu'on

médite les passages suivants, extraits de l'un de ses ouvrages :
« Ils ont (les chiffres) le grave inconvénient de ne point
conduire à la lecture familière, à la portée (c'est-à-dire à la
notation usuelle) et même d'en éloigner étrangement par leur
incompatibilité.» Et plus loin, cet aveu lui échappe : « La portée
musicale est un fait qu'il faut accepter. On a beau regimber,
critiquer, modifier pour sa commodité particulière, il n'en faut
pas moins arriver à lire les auteurs dans leurs partitions. » On
comprend l'importance de cet aveu de la part d'un des plus
zélés admirateurs du méloplaste. *Habemus confitentem...*

J.-J. Rousseau avait le travers de se croire excellent musicien ;
Girodet mettait un grand prix à son talent ignoré de poëte ; Al-
fiéri se piquait de bien savoir le grec ; Cherubini se flattait d'être
bon peintre ; Byron mettait son amour-propre à passer pour le
meilleur nageur du Bosphore. — C'est ainsi que les génies les
plus remarquables paient toujours par quelques travers leur
tribut à la pauvre humanité.

La vocalisation consiste à faire entendre les notes sans les
nommer, mais en leur donnant l'intonation et la durée. On
choisit ordinairement la voyelle *a* pour se livrer à cet exercice
d'une importance considérable. Il assouplit la voix, la rend
légère et conduit à une bonne exécution. Les méthodes de vocalisation de Bordogni, de Panseron, sont excellentes.

Le chant est l'emploi des paroles sous les notes. Certains auteurs ont divisé le chant en naturel et artificiel. Le chant
naturel est celui que fait entendre une personne chantant de

tête, d'inspiration, sans avoir aucune notion des éléments de
la science musicale. Nous n'avons pas à nous en occuper ici.

Le chant artificiel est le perfectionnement de l'organe de la
voix et du chant naturel. Entrer dans de plus grands développements serait dépasser les limites que nous nous sommes tra-
cées ; disons seulement que le chant exprime tous les sentiments
de l'âme, toutes les passions du cœur.

XXIII

DES NOTES D'AGRÉMENT

Les anciens théoriciens nommaient les notes d'agrément *transitus irregulares*. On écrit ces notes très-petites, afin de les distinguer des autres qui constituent le chant même. A la rigueur on pourrait les supprimer sans changer la phrase musicale d'une manière sensible, mais ces petites notes n'en ont pas moins une importance extrème dans l'exécution ; elles font le charme de la mélodie, et sans leur concours, dit Jean Weber, « la musique serait aride et seulement harmonieuse. » C'est par un fréquent usage des notes d'agrément que les plus célèbres chanteurs, les Pacchiaroti, les Farinelli, et tous leurs successeurs sont parvenus à cette grande perfection qui caractérise leur expression.

Autrefois, les grands chanteurs étaient d'excellents musiciens ; aussi, les plus célèbres compositeurs, s'en rapportant à leur goût et à leur talent, se contentaient-ils souvent d'écrire un simple canevas qui contenait les idées principales du morceau, ou de jeter sur le papier un beau chant qui, par sa simplicité, se prêtait aux traits brillants, aux ornements fleuris, que dans son libre essort ajoutait le chanteur. Cimarosa, Paësiello, Paër, Fioravanti, Rossini lui-même, ont suivi longtemps cette coutume. C'était alors que les Babini, les Marchesi, les Pacchiarotti inventaient des ornement compliqués, toute la parure du chant, « i vezzi melodici del canto, » suivant l'expression de Pacchiarotti. Velutti préparait trois espèces d'ornements pour le même passage, et, lors de l'exécution, son sentiment du moment lui faisait choisir le plus convenable.

Avec cette manière d'exécuter la musique, il arrivait que le même air, dans la bouche de chanteurs qui le comprenaient de diverses manières, prenait un caractère très-variable, et que l'idée première, l'inspiration du compositeur finissait souvent par être dénaturée. Un jour, l'illustre maestro Rossini, choqué des fioritures insolites et trop chargées dont Velutti ornait ou plutôt gâtait sa musique, résolut d'écrire lui-même les ornements qu'il voulait qu'on fît à ses compositions. Depuis ce temps, les compositeurs ont suivi cet exemple qui met un frein au caprice des acteurs, mais qui malheureusement n'arrête pas leurs autres fantaisies théâtrales. Citons-en quelques-unes : il n'y a pas bien longtemps que certain chanteur ne voulait faire sa première entrée en scène que sur un beau cheval, la tête couverte d'un chapeau orné de plumes. Un autre exigeait que l'auteur plaçât, dans le premier air de son rôle, certains mots qu'il affectionnait. Une cantatrice célèbre manquait tous ses traits, si certaine personne n'était pas dans la salle.

Ce fut sous Louis XIV que Lambert, Cambert, Basili, commencèrent à risquer timidement quelques notes d'agrément qu'on nommait alors des *doubles*. Lulli était l'ennemi juré de ces ornements, et criait avec colère à la cantatrice qui s'en permettait : « Cela n'est pas dans votre partie ! » Si quelque page de la musique du roi laissait échapper la moindre fioriture, il l'arrêtait court en lui disant : « Gardez cela pour mon beau-père (Lambert). » Grétry professait la même horreur pour les notes d'agrément et pour les accompagnements travaillés. Nous lui avons souvent entendu répéter ce mot bizarre qu'il avait dit en comparant Mozart et Cimarosa : « Cimarosa met la statue sur le théâtre et le piédestal dans l'orchestre, mais Mozart met la statue dans l'orchestre et le piédestal sur le théâtre (1). »

Il y a bien certainement de l'exagération dans ces idées arrêtées. On peut cependant expliquer pareille antipathie. L'école de Grétry succédait à des savants dont les spéculations harmoniques, fruit d'une science profonde, prédominaient sou-

---

(1) Tout ce qui se rapporte à l'histoire d'un homme illustre offre de l'intérêt, et la lettre suivante montre une fois de plus combien il est facile de se tromper dans le jugement qu'on porte sur la vocation des jeunes artistes.

Quand Grétry quitta l'Italie, son maître Casali lui donna pour un de ses amis la singulière lettre de recommandation que voici :

« Caro mio, vi mando un mio scolare vero asino in musica che non sa niente; ma » gentile e di buon costume.» — « Mon cher ami, je vous adresse un de mes élèves, » véritable âne en musique et qui ne sait rien, mais jeune homme aimable et de » bonnes mœurs. »

L'auteur de *Richard*, de *Lucie*, etc., un âne en musique !

vent sur la mélodie. Grétry et ses imitateurs, désespérant d'atteindre à leur hauteur, firent une révolution complète dans un sens opposé, révolution d'autant plus naturelle de leur part, qu'hommes d'inspiration, ils manquaient en général de science. Ce ne fut que quelque temps après qu'on vit l'école éclectique française, inaugurée par les Méhul, les Cherubini, les Berton, les Catel, marier heureusement la science allemande aux chants de l'Italie. Mais les succès de cette nouvelle école ne purent modifier les idées de Grétry, *ni son aversion pour les fioritures.* Quand, après une assez longue éclipse, son opéra de *Midas* reparut sur la scène, Martin, chargé du rôle d'Apollon, chanta son premier air avec des ornements qui, dans l'opinion du compositeur, le dénaturaient au lieu de l'embellir. « Pourquoi donc, dit-il à Martin, as-tu passé mon premier air? J'y tenais beaucoup, quoiqu'il te paraisse trop simple. » Martin, sensible à la leçon, chanta dans la suite l'air tel que Grétry l'avait écrit.

Il y a plusieurs espèces de notes d'agrément : lorsqu'on n'en rencontre qu'une, il faut prendre le temps nécessaire pour la faire sur la note qui suit. Comme ces petites notes ne comptent ni dans l'harmonie ni pour la mesure, et comme elles pourraient être supprimées sans que le chant fût altéré d'une manière sensible, on ne les nomme pas dans l'exécution. Nous venons de dire que s'il n'y en a qu'une, on prend le temps de la faire sur la note qui suit : on abrège ordinairement cette note suivante de la moitié de sa valeur, à moins d'indication contraire par le compositeur.

S'il y avait plusieurs petites notes, ce serait sur la grande note précédente qu'il faudrait prendre le temps de les faire, en abrégeant cette grande note du temps nécessaire à leur exécution.

EXEMPLE.

EFFET.

On compte une très-grande variété de notes d'agrément. Plusieurs ont des noms particuliers. Le *groupetto*, par exemple, est composé de trois ou quatre petites notes qui, quelquefois, précèdent l'attaque d'une note de longue valeur.

EXEMPLE.

On emploie souvent le *groupetto* de quatre notes. Il se marque ainsi par abréviation, et s'exécute de la manière suivante : on fait entendre la note principale, puis une note au-dessus, on revient à la première; on fait entendre une note au-dessous, et enfin la note sur laquelle se termine cette série. Voyez au surplus l'effet à la fin du dernier exemple ci-dessus.

On classe aussi parmi les notes d'agrément le port de voix.

C'est une note qui prépare la note suivante. Alors, contrairement à la règle que nous avons donnée, qu'une petite note seule se fait entendre sur celle qui la suit, le port de voix se fait entendre sur la note qui le précède.

L'appogiature (de l'italien *appoggiare*, appuyer) est en général la réunion de plusieurs petites notes. L'histoire nous apprend que le fameux chanteur Pacchiarotti avait introduit dans les ornements qu'il exécutait certains passages qu'on nommait appoggiatures doubles; mais la connaissance de ces notes d'agrément n'est pas arrivée jusqu'à nous.

Le tril ou trille, que certaines personnes nomment improprement cadence, est le battement vif et réitéré d'une note supérieure sur la note inférieure qui sert comme de base à ce battement. On indique le trille au moyen des lettres *tr* ou par un trait festonné ⁓. Cet ornement doit préparer ordinairement sa terminaison par la note placée un demi-ton au-dessous de la note écrite, ou par la note placée au-dessus.

Il serait impossible de donner des exemples ou des définitions de tous les ornements que l'imagination des compositeurs leur inspire.

Nous avons dit qu'il y a trois principales espèces de voix ; nous ajoutons que chacune d'elles a un caractère particulier. Une voix de soprano est naturellement propre à exécuter des traits rapides, des passages difficiles et légers. La voix de ténor est plus soutenue et moins souple en général. La voix de basse, par son caractère grave, doit avoir plus de fermeté, plus de mordant, plus d'ampleur. Autrefois on n'écrivait que très-rarement des traits pour cette espèce de voix. Il n'en est plus ainsi : les Derivis, les Levasseur, les Chéron, ont montré qu'un organe grave se prête aux passages difficiles aussi bien que la voix de ténor, et l'on voit avec plaisir les compositeurs de notre époque écrire pour des voix de basse des morceaux très-chantants et très-difficiles.

Toutes les voix reçoivent les mêmes principes d'étude, exécutent les mêmes exercices, étudient les mêmes leçons, en ayant toutefois égard au caractère naturel et distinctif de leur timbre.

Pour chanter il faut, autant que possible, être debout ; la position assise n'est pas favorable à l'émission de la voix. Il faut prendre un air souriant, ouvrir la bouche sans exagération, articuler nettement les paroles, et même outrer un peu la prononciation et l'accent, surtout si l'on chante dans une salle très-vaste, afin d'être bien entendu.

On voit de nos jours des cantatrices faire vibrer leurs notes. Cette habitude présente de grands inconvénients, surtout en province, où l'on exagère ordinairement les usages. Il s'en trouve aussi beaucoup qui, balançant leur voix avec trop de force, produisent des espèces de notes saccadées semblables à des hoquets ou à des chevrotements d'un effet très-désagréable. Rien n'est plus rare (1) qu'un chanteur ou une cantatrice sans défaut, et à toutes les époques les artistes supérieurs ont estimé leur talent à des prix exorbitants. Catherine II voulut, vers 1765, entendre à Saint-Pétersbourg la célèbre cantatrice Gabrielli, qui s'appelait aussi Catherine. Cette artiste demanda une somme si élevée que l'impératrice ne put s'empêcher de répondre qu'elle payait moins cher ses feld-maréchaux. « Eh bien que Sa Majesté les fasse chanter ! » dit l'artiste ; et il fallut en passer par ses prétentions.

(1) L'acteur français *Larrivée*, d'un mérite d'ailleurs incontestable, chantait quelquefois du nez dans les notes aiguës, ce qui fit dire à un plaisant : « Voilà un nez qui a une bien belle voix. »

XXIV

DIVISIONS MUSICALES

Nous avons dit précédemment quel sens étendu les Grecs donnaient au mot musique. Tout pour eux était de la musique. De nos jours on est moins prodigue, et l'on se contente de trois grandes divisions : la musique vocale; — la musique instrumentale; — la musique sacrée. Nous n'entrerons pas dans les détail des subdivisions; ce serait nous jeter dans les innombrables nomenclatures de Brossard, de J.-J. Rousseau, etc., etc.

Les principales œuvres, quel que soit leur caractère, rentrent nécessairement dans l'une des trois grandes classes que nous venons d'indiquer.

XXV

MUSIQUE VOCALE

La musique vocale est, comme son nom l'indique, celle qui es;
destinée à être chantée. Si un morceau est écrit pour une seule
voix, c'est un *solo* ou un *air*. On entend généralement par *air*
une composition d'une certaine étendue, renfermant une exposition (souvent dans un mouvement lent ou dans un récitatif),
un récit et une péroraison. Autrefois l'air écrit pour une femme
prenait le nom d'*ariette*. Un bon air est un véritable discours :
il en contient toutes les parties, toutes les divisions : préam-
bule ou exorde, exposition, récit, péroraison.

Nous croyons utile à l'instruction des élèves de leur indiquer
des exemples pour chaque genre de musique ; mais nous pren-
drons presque tous ces exemples dans les œuvres des anciens
auteurs, ne fût-ce que parce qu'il nous semble inutile d'indiquer
les œuvres modernes qu'on peut entendre tous les jours.

Parmi les anciens airs français qui jouissent d'une grande célébrité on remarque :

O toi qui consacras mes jours...	*Iphigénie*, de GLUCK.
Oui, c'est demain que l'hyménée.	*Montano*, de BERTON.
Le fils des dieux...............	*Œdipe à Colone*, de SACCHINI.
Vainement Pharaon............	*Joseph*, de MÉHUL.
De l'amitié.................	*Beniowski*, de BOIELDIEU.

La cavatine est un air d'une facture moins développée et écrit dans de moindres proportions.

Di piaccer	*Il Barbiere*, de ROSSINI.
Ferme les yeux...............	*La Muette*, d'AUBER.

Ces deux morceaux sont de magnifiques cavatines.

La romance, si éminemment française, se chante à une seule voix. Aucune nation, que nous sachions, ne nous a surpassés ni même égalés dans ce genre, non-seulement sous le rapport des paroles, mais aussi de la musique. Les étrangers ont échoué quand ils ont voulu rivaliser avec la grâce, la sensibilité, le naturel, et surtout le caractère naïf et tendre qui font le charme des œuvres de Plantade, Dalayrac, Romagnesi, Panseron, Bruyère, de mesdames Gail, Puget, etc., etc. Nous nous arrêtons ébloui par cette pléiade de si charmants compositeurs.

Quelquefois la romance prend des proportions plus larges, surtout celles qu'on destine aux voix de basse, autrefois privées de ce genre de musique. Schubert et plusieurs autres auteurs ont composé pour ces voix de fort belles mélodies.

Les Anglais ont peu de romances, mais, en revanche, les Écossais possèdent une foule d'airs pleins d'originalité, dans lesquels des modulations singulières produisent souvent un très-bon effet.

En Italie, tout le monde chante. « Dans ce pays, dit Lamartine, on respire la musique. » Aussi n'est-il pas rare qu'un homme du peuple improvise les paroles et le chant d'une villanella; mais on comprend que ces airs tournent dans un cercle de lieux communs musicaux qui n'atteignent pas le mérite de certaines barcarolles si répandues, surtout à Venise.

Les Allemands ont eu, dans ces derniers temps, un compositeur admirable, qui a donné à la romance un caractère élevé, dramatique où elle n'avait pas encore aspiré. Nous parlons de Schubert et de ses mélodies. On chante aussi en Allemagne des *lieder* charmants, rarement à une seule voix. Là, comme en toute autre chose, le caractère national pénètre et domine : à défaut de mélodies gracieuses, on y trouve de beaux effets d'harmonie. Les compositeurs les plus célèbres ne dédaignent pas d'abaisser leur génie jusqu'à ces œuvres légères. Nous connaissons des lieder de Mendelssohn, de Spohr, etc.

L'Espagne possède une grande quantité d'*airs*, qu'on pourrait appeler nationaux : les *boléros*, les *fandangos*, etc. Ces chants sont ordinairement gracieux, mais écrits dans un caractère uniforme qui répand sur eux une certaine monotonie. Les séguedilles sont en général de jolies compositions, bien rhythmées, et qui, comme tous les airs espagnols, sont accompagnées par la guitare et les castagnettes.

Au commencement de ce siècle, un Italien, Blangini, composa des romances à deux voix qu'il nomma *nocturnes*. Il réussit parfaitement dans ce genre nouveau, et mérita son succès par une grâce parfaite dans le chant et par l'élégante distinction de son harmonie. Ses nocturnes ont été imités depuis, mais non pas égalés.

La chanson est d'origine française et date au moins de Guillaume IX, comte de Champagne. Nous n'avons pas de rivaux dans ce genre illustré par les Béranger, les Désaugiers, les Scribe, les Piis et tant d'autres. On a souvent composé pour les paroles des airs charmants parfaitement en harmonie avec les idées du poëte ; mais le plus souvent celui-ci travaille sur un air déjà connu auquel il adapte sa poésie. On éprouve un sentiment de triste regret en songeant que des musiciens, comme Doche et Blanchard, sont à peu près tombés dans l'oubli, quand leurs œuvres sont répandues dans tous les vaudevilles, empruntées par tous les chansonniers, répétées par toutes les bouches.

La *cantate* est un petit poëme lyrique chanté avec des accompagnements. « La musique, dit J.-J. Rousseau, doit en être imitative et théâtrale. » La cantate, comme son nom l'annonce, vient d'Italie.

Autrefois les cantates n'étaient écrites que pour une voix.

Celles de J.-B. Rousseau sont fort belles et ont servi de texte à
bien des musiciens. C'est une cantate qu'on donne pour sujet
de prix à l'Institut. Après avoir fait écrire cette composition
pour deux voix, on en est arrivé à la faire écrire pour trois, ce
qui prête bien davantage à la verve, à la science, à l'imagination des concurrents.

L'*oratorio* est pour la musique sacrée ce qu'est la *cantate*
pour la musique profane. Nous en parlerons plus loin,
(Chap. XXVII.)

Le *duo* est une pièce de musique composée pour deux personnes, soit deux soprani, soit un soprano et un ténor, soit une
basse et un ténor, etc.

En général, le duo débute par un chant large d'une certaine
étendue, répété alternativement par chacune des deux parties;
puis vient l'ensemble, d'un mouvement plus prononcé, souvent
plus rapide, et le morceau finit par une *strette* brillante. Parmi
les plus célèbres duos français, on peut citer les suivants :

Pour deux soprani :

    Allons, un peu de confiance........ *Le Calife*, de BOIELDIEU.

Pour dessus et ténor :

    Les dieux prendront pitié.......... *La Vestale*, de SPONTINI.

Pour ténor et basse :

    Savez-vous bien que ma Zulmée... *Gulistan*, de DALAYRAC.
    Malgré de trop justes alarmes...... *Ma tante Aurore*, de BOIELDIEU.
    C'est à toi de trembler............. *La Vestale*, de SPONTINI.

Ces exemples suffiront aux élèves pour se faire une juste idée des différentes manières et des divers styles du duo.

Le *trio*, son nom le dit assez, est écrit pour trois voix. Le duo nous a offert un chant orné de son principal accompagnement, mais auquel il semble manquer parfois quelque chose, malgré la beauté des mélodies et le savant arrangement d'une seconde partie. Le trio, dont la coupe a beaucoup d'analogie avec celle du duo, est bien plus riche en effets. Si dans le duo l'oreille désire quelque chose, dans le trio l'harmonie est parfaite ; pas une note de l'accord n'est retranchée ni doublée, chaque accord est complet, l'oreille n'a plus rien à désirer. Aussi, selon nous, un bon trio est la perfection du chant d'ensemble. On peut en juger par le *Salutaris* (1) de Gossec ; le trio d'*OEdipe à Colone*, de Sacchini, et le trio sans accompagnement de *Robert le Diable*, de Meyerbeer.

Le *quatuor* s'écrit dans la forme du *duo* et du *trio*, mais avec plus d'abondance et de variété dans l'emploi des moyens. Cette composition présente beaucoup de difficulté et demande beaucoup d'adresse dans l'arrangement des voix pour arriver à un ensemble où le compositeur emploie toutes les ressources de la fugue et du contre-point.

Parmi les plus célèbres *quatuor*, on cite celui d'*OEdipe à*

---

(1) Suivant une tradition dont nous ne garantissons pas l'authenticité, le *Salutaris*, de Gossec, fut un jour chanté sur une des tours de Notre-Dame par Delboi, Lays et Chéron, et il fut entendu à Montrouge.

Colone, de Sacchini ; celui de *Fernand Cortez*, de Spontini ; celui d'*Anacréon chez Polycrate*, de Cherubini.

Un bon *quatuor*, outre les qualités dont nous venons de parler, demande dans son auteur une grande entente de la scène.

Nous dirons peu de chose du *quintetto* (composition pour cinq voix). Ses règles, ses qualités sont à peu près celles du *quatuor*, mais se rapprochent de celles du *chœur*. Nous en citerons trois modèles :

Plus d'égard, plus de prudence.	*L'Amant jaloux*, de GRÉTRY.
Oui, c'est à toi que je la vends.	*Gulnare*, de DALAYRAC.
Quand la mémoire...........	*La Fête au village voisin*, de BOIELDIEU.

Le *sextuor*, chanté par six voix, se rapproche, par conséquent, du *chœur* encore plus que le *quintetto*. Parmi les plus admirés se trouvent les deux suivants :

Non ! l'Éternel que j'offense...	*Joseph*, de MÉHUL.
D'une amante abandonnée.....	*Les Evénements imprévus*, de DALAYRAC.

La musique chorale exige pour son exécution la réunion d'un grand nombre de voix et s'écrit quelquefois à l'unisson, mais le plus souvent à trois, à quatre, à six parties et même davantage. On connaît d'anciens contrapuntistes qui ont écrit des morceaux pour plus de vingt voix différentes. Les chœurs ne sont guère connus en France que depuis Rameau. Lulli en écrivit peu. On ne connaissait pas encore chez nous les magnifiques *oratorios* de Hændel ; mais, de nos jours, que tant d'écoles de chant, tant de réunions chorales s'occupent de la musique d'ensemble, c'est avec bonheur que nous admirons l'immense quantité de musique écrite pour ces réunions. Non-seulement on va puiser dans les opéras, mais on exécute des œuvres spéciales des plus célèbres compositeurs, qui s'empressent de consacrer leurs veilles et leurs talents aux sociétés orphéoniques. Citons, parmi ces maîtres, Adam, Ambroise Thomas, Clapisson, Pilati, et surtout l'inépuisable Laurent de Rillé, la providence des sociétés chantantes. Citons aussi les chœurs suivants, extraits d'opéras célèbres :

Chœurs de femmes :

O Dieu ! sois nous propice.....	*Iphigénie*, de GLUCK.
Allez régner, jeune princesse..	*OEdipe à Colone*, de SACCHINI.
Des plaisirs, source féconde....	*Sémiramis*, de CATEL.

Chœurs d'hommes :

Les dieux apaisent leur courroux.	*Iphigénie*, de GLUCK.
Il nous fallait du sang........	*Les Danaïdes*, de SALIERI.
Le plus beau sang...........	*Démophoon*, de CHERUBINI.
Oui, nous le jurons...........	*Beniowski*, de BOIELDIEU.

Les chœurs complets exigent la réunion de tous les timbres de voix d'homme et de femme. Dans ces grandes compositions, l'auteur n'a pas d'entraves. Elles se prêtent aux élans de l'imagination la plus ardente comme aux combinaisons de la science la plus profonde ; aux finesses d'une parfaite entente de la scène comme aux effets de l'art les plus variés et les plus imprévus. Les chœurs suivants en sont d'admirables exemples :

Que de grâce..................	*Iphigénie*, de GLUCK.
Ah ! dans ce bois tranquille et sombre.	*Orphée*, de GLUCK.

O redoutable Mars!............. *Démophoon*, de CHERUBINI.
Quels prodiges nouveaux........ *La Création*, d'HAYDN.
Honneur aux Français.......... *Aline*, de BERTON.

On connaît aussi des chœurs doubles : c'est la division de deux masses chantant chacune un chœur traité de manière à marcher séparément et à se réunir. Mozart en fournit dans son *Don Juan* un magnifique exemple. Citons encore :

De son front que la honte accable. *La Vestale*, de SPONTINI.
Aimable enchanteresse.......... *La Bayadère*, de CATEL.
O nuit propice à l'amour........ *Ariodant*, de MÉHUL.

Le *récitatif* est la véritable déclamation musicale. Chez les Grecs, toute la poésie était chantée en récitatif; aussi les anciens disaient-ils chanter des vers : *Arma virumque* CANO. Dans tous les pays on a conservé cette expression, et depuis la *Henriade* jusqu'au *Lutrin*, les poëmes commencent par ce mot : « Je chante! » Mais si le mot est resté, l'usage a disparu.

Il arrive dans toutes les pièces de théâtre des moments où l'acteur s'occupe froidement de ce qui s'est passé, de ce qu'il médite, etc. Évidemment ces *récits* se prêtent rarement aux effets de la musique, et d'ailleurs ce sont des instants de repos pour l'attention du spectateur et les effets de la scène.

Des écrivains ont attribué l'invention du récitatif à Péri, d'autres à Emilio, de Rome. Selon Doni, l'invention du récitatif appartient au père du grand Galilée, qui l'appliqua à l'épisode du comte Ugolin dans l'Enfer du Dante. Tout cela paraît erroné.

Les anciennes pièces de théâtre, selon Moreti, étaient écrites en récitatif; les airs ne datent que du temps de Cavalli et Cesti.

Saint-Évremont dit du récitatif italien « qu'il est fort ennuyeux, et qu'on pourrait le définir : un mauvais usage du chant et de la parole. » Pour accompagner le récit des opéras-buffa, on employait seulement un piano et un violoncelle. Cimarosa, Paësiello, Paër, Fioravanti, ne faisaient pas autrement. En France, on accompagne toute espèce de récitatif avec l'orchestre ou au moins avec le quatuor. Il en résulte une disparate moins sensible que celle produite par la transition d'un morceau accompagné par un orchestre formidable au placage aigre-doux d'un piano soutenu d'un mince arpége de violoncelle.

Lulli écrivit des récitatifs très-beaux et très-expressifs. On disait qu'il allait entendre déclamer la Champmeslé pour puiser dans sa voix ses mélodies. Grétry suivait assidûment aussi les représentations des Français dans le même but. On rapporte que le duo « Dans le sein d'un père » de son opéra de *Sylvain*, fut littéralement noté par lui sur la déclamation de Mlle Clairon.

Les récitatifs qui ouvrent le premier acte de la *Didon*, de Piccini, et le second acte d'*Iphigénie* passent pour des chefs-d'œuvre. On peut en dire autant des récitatifs suivants :

En mourant par tes mains, je bénirai mon sort. — *Chimène.*

Pour soulager mon père .... — *OEdipe*, de Sacchini.

« Lorsque le sentiment deviendra très-marqué au milieu d'un

» récitatif, la voix abandonnera le récitatif pour un moment et » aura recours au véritable chant. » Ce précepte donné par Lacépède, dans sa poétique de la musique, est conforme à la pratique de Sacchini, qui a encadré dans ses récitatifs des traits de chant si remarquables.

On voit souvent l'orchestre jouer le principal rôle dans un *récitatif* qu'on nomme alors *obligé*. Dans ce cas il peint l'émotion, la passion dont on suppose que sa violence ne permet pas à l'acteur de s'exprimer autrement que par des mots à peine articulés. *Curæ leves loquuntur, ingentes stupent.* Le compositeur profite de ces occasions pour déployer sa science et produire, en s'inspirant de la situation, les plus dramatiques effets d'orchestre. C'est au fameux maître Scarlati qu'on doit les premiers *récitatifs obligés*.

Le récitatif est un chant syllabique et non mesuré ; cependant à l'époque de Lulli, et même quelque temps après, l'ignorance des accompagnateurs obligeait le compositeur à écrire la mesure de la déclamation tantôt à deux temps, tantôt à trois temps, puis à quatre, ce qui devait rendre l'exécution lourde et embarrassée. Aujourd'hui la science et l'intelligence des musiciens qui composent les orchestres permettent aux auteurs d'écrire seulement les paroles sous lesquelles les notes ou traits de l'accompagnement sont frappés.

On appelle finale au théâtre un morceau d'une certaine étendue qui contient souvent des récitatifs, des airs, et finit par un ensemble général qui sert de clôture, soit à un opéra, soit à un de ses actes. Ce sont des compositions capitales où l'auteur doit employer toutes les ressources de la scène, des chœurs, de l'instrumentation. C'est lui qui prend le premier rôle. Le poëte effacé disparaît, comme on le voit par les finales de Gluck, de Cherubini, de Meyerbeer, de Spontini, de Méhul, de Berton et autres grands maîtres.

On attribue à Logrosino l'invention du finale.

XXVI

DE LA MUSIQUE INSTRUMENTALE

La musique instrumentale comprend les compositions écrites
pour les instruments. On compte trois systèmes d'instruments :
ceux à cordes, ceux à vent et ceux à percussion.

Les principaux instruments à cordes sont le violon, le violoncelle, l'alto, la contre-basse, la harpe, la guitare et la viole.

Les instruments à vent sont le hautbois, la flûte, la clarinette, le basson, et presque tous les instruments de cuivre, le
cor, le cor à pistons, le trombone, la trompette, la trompe de
chasse, et tous les pistons de la famille des sax.

Les instruments de percussion, c'est-à-dire dont on obtient
le son en les frappant, sont le piano, les timbales, les cymbales,
le tambour, le tamtam, etc.

On appelle musique de chambre les compositions écrites dans des proportions restreintes quant au nombre des instruments et destinées à être exécutées dans les appartements privés.

On fait des soli pour les instruments comme on écrit des airs pour la voix. La sonate était autrefois un morceau destiné à un seul instrument, puis on l'écrivit avec accompagnement de basse et ensuite avec accompagnement de deux instruments. Pendant longtemps la mode fut aux sonates. Celles de Corelli pour le violon, les belles pages de Tartini pour le même instrument, comme celles de Leclair et de Pugnani sont des chefs-d'œuvre qu'un violoniste ne peut trop jouer et méditer. Un peu plus tard on vit paraître les admirables sonates de Mozart et de Beethoven pour piano et violon, qui semblent avoir atteint la perfection du genre et ne cesseront jamais d'être admirées.

L'engouement qu'on avait eu d'abord pour cette espèce de musique avait cessé tout à coup, frappé à mort par ce mot connu de Fontenelle : « Sonate, que me veux-tu ? » mais on est revenu sur cet injuste abandon, et de nos jours le sentiment musical plus développé, la science plus approfondie et plus généralisée apprécient mieux ces belles œuvres en faveur desquelles il existe actuellement une recrudescence de zèle et d'admiration.

La sonate pour le violon a toutefois été remplacée par l'air varié, la fantaisie, le caprice ; le piano a bientôt suivi cet exemple, et aujourd'hui tous les instruments possèdent des airs variés, composés uniformément d'une introduction quelquefois assez étendue, d'un thème extrait d'une œuvre connue ou d'une idée de l'auteur qu'il appelle originale et d'une strette vive et brillante. Les airs pour le violon, de Rode, Lafon, Bériot, Vieuxtemps, Alard, sont parfaits, comme les fantaisies de Thalberg, Döhler, Prudent et de Liszt, que nous aurions dû nommer le premier.

On compose des duos pour tous les instruments. Ceux de Viotti, de Krammer, de Blasius, de Bonnet, pour le violon sont parfaits. Les duos pour piano et violon de de Bériot et d'Osborn sont appréciés à juste titre.

Ordinairement les trios pour violon sont écrits pour violon, alto et basse. Ceux de Mozart et de Beethoven sont fort beaux. Rolla en a écrit pour alto qui sont fort difficiles. Le doux, le suave Boccherini en a composé plusieurs dont le style a vieilli. Les trios pour piano, violon, violoncelle, de Mozart et de Beethoven sont des compositions admirables. Plusieurs pianistes en ont écrit aussi; mais, on est obligé de le dire, leurs œuvres, toutes recommandables qu'elles sont, ne font pas oublier leurs devancières.

Le quatuor pour piano, violon, alto et violoncelle est la plus admirable réunion des ressources mélodiques et harmoniques que l'imagination puisse désirer.

Les premiers essais de quatuor pour le violon sont dus à la sonate. Elle avait commencé par un violon seul, on y ajouta d'abord l'accompagnement d'un second violon, puis celui d'un violoncelle et enfin on compléta le quatuor par un alto. Ce n'était à proprement parler qu'un solo de violon avec accompagnement. Bientôt Stamitz, Gossec, Davaux, tracèrent timidement une nouvelle route en risquant de petits solos de violoncelle et quelques effets d'alto. Haydn se précipita avec ardeur dans cette voie et atteignit la perfection du genre. Ses magnifiques inspirations ne sont pas effacées par celles de ses successeurs, Mozart, Beethoven, Fesca, Onslow, etc., quelque admirables que leurs quatuors puissent être. On ne rend pas assez justice à Pleyel, qui a écrit tant de bonnes choses, mais surtout un œuvre de quatuor que les plus grands compositeurs ne désavoueraient pas (1). Boccherini a composé des quatuors qui ne valent pas ses quintetti.

Les quintetti, pour piano et divers instruments, ne sont pas extrêmement nombreux, mais ceux qu'on possède sont remarquables, surtout ceux de Bertini, de Spohr et de Mendelsohn.

Nous avons des quintetti pour deux violons, deux altos et un violoncelle, ou pour deux violons, un alto et deux violoncelles, qui possèdent une grâce délicieuse, en même temps qu'une puissance d'inspiration qui entraîne et fascine. Les quintetti de Mozart, ceux de Beethoven inspirent l'admiration. Ceux d'Onslow sont pleins de vigueur et renferment de belles modulations. Boccherini en a composé d'un caractère doux, affectueux, sentimental. Tous ces grands maîtres ont su donner un

____

(1) C'est peut-être cette œuvre qui avait été demandée par un grand seigneur à Haydn et que celui-ci fit composer par Pleyel son élève, n'ayant pas le temps de l'écrire lui-même.

caractère différent à leurs œuvres tout en employant les mêmes moyens. Onslow étale l'originalité, le brio, la science. Boccherini met au contraire le plus grand soin à cacher, à dissimuler la science sous la grâce. Onslow, hardi, fougueux, se joue des difficultés ; Boccherini les comprend, mais les évite ou les déguise. Autant l'un se laisse entraîner à ses inspirations toujours heureuses, autant l'autre montre de timidité et de défiance de soi-même. Cartier disait que « si Dieu voulait parler aux hommes » il se servirait de la musique d'Haydn, et que s'il voulait en- » tendre de la musique, il se ferait jouer celle de Boccherini. » Comme Boccherini, Onslow fait chanter souvent son premier violoncelle, mais il lui donne un autre caractère, une autre signification.

Mozart a écrit ses quintetti pour deux violons, deux altos et un violoncelle. Toutes les richesses de sa puissante imagination, tous les trésors de sa science si profonde, tous les sentiments de son âme expansive sont répandus à profusion dans ses quintetti, qui brillent par des chants délicieux et des traits d'une originalité saisissante.

Beethoven, l'émule de Mozart, a écrit aussi des quintetti avec les mêmes éléments. Ces chefs-d'œuvre sont malheureusement peu nombreux. Nous pensons que ce grand musicien a écrit ces quintetti avant plusieurs de ses quatuors, dont les derniers se ressentent de la situation d'esprit où le mettaient les souffrances intolérables qu'il éprouvait comme musicien. Il était alors devenu misanthrope, *osor generis humani ;* il fuyait la société, ne se plaisait que dans la solitude, et laissait vaguer son imagination au hasard.

On connaît aussi de très-beaux quatuors et quintetti pour les autres instruments. Reicha a composé de fort beaux quatuors pour quatre cors. Kulhau a écrit des morceaux pour trois flûtes. Beaucoup de compositeurs ont rassemblé la flûte, le hautbois, la clarinette, le cor· et le basson en un faisceau qui, par la réunion des timbres variés de tous ces instruments, produit un excellent effet. Les quintetti de Lefebvre, ceux de Moor, ne le cèdent pas à ceux de Reicha. On donne souvent le nom d'harmonie aux morceaux composés pour les cinq instruments que nous venons de désigner. Ordinairement cette harmonie est le résultat de l'arrangement de quelques morceaux des opéras en réputation. On peut y ajouter des trombones, des ophicléides, et il n'est pas rare de voir augmenter jusqu'à douze le nombre des parties.

Quoi de plus riche en beaux effets que les quintetti traités par les grands maîtres dont nous venons de parler! Rien, si ce n'est la musique aux grandes dimensions, c'est-à-dire la symphonie. Dans ce genre de musique tous les instruments sont réunis et peuvent déployer sans entraves toute la puissance de leurs ressources. Tous les styles lui conviennent et peuvent s'y traiter dans les proportions les plus larges. Comment avec de tels moyens ne pas produire de grandes et belles choses, quand on possède le génie créateur ?

Gossec un des premiers fit quelques tentatives dans la composition de la symphonie et obtint même quelques bons résultats. Stamitz aussi voulut essayer ses forces dans ce genre, mais ses productions ne sont en général qu'un quatuor orné de temps en temps d'un solo de haubois ; car c'est ainsi que se créa la symphonie : on écrivit d'abord un quatuor augmenté d'un haubois, auquel on ajouta bientôt un cor, puis un basson ; et ces instruments, à part quelques timides solos qu'ils essayaient de temps à autre, ne servaient guère qu'à doubler l'harmonie pour ajouter à ses effets. La véritable symphonie, dans l'acception qu'aujourd'hui nous donnons à ce mot, ne date que d'Haydn. Ce fut lui qui le premier comprit l'emploi des divers instruments, mesura leur portée, calcula les effets auxquels ils étaient propres, et s'appliquant à écrire chacun d'eux dans ses notes les plus favorables, atteignit cette perfection que rien n'a pu faire oublier. C'est en vain que Mozart et Beethoven ont écrit leurs chefs-d'œuvre : les grandes pages d'Haydn ne sont point éclipsées et ne périront jamais. Il faut toutefois reconnaître que ces grands maîtres ont su tirer un puissant avantage de ressources qui manquaient à leur prédécesseur. Grâce aux progrès obtenus dans la fabrication des instruments, ils ont pu imprimer à leurs compositions un caractère grandiose, une vigueur entraînante, un luxe de richesses inconnues jusqu'à eux, et qu'il semble impossible de surpasser. La symphonie en *sol* mineur de Mozart, celle dite pastorale et l'héroïque de Beethoven sont des œuvres accomplies sous le rapport de la science comme sous celui de l'inspiration.

Ainsi que le quatuor et le quintetto, la symphonie se compose invariablement d'un premier morceau et d'un adagio ; puis vient

un minuetto, petite composition d'un caractère ordinairement
gai et toujours rhythmée à trois temps. A ce minuetto, destiné
à reposer un instant l'attention de l'auditeur, succède enfin un
finale où le brio, la fougue et la légèreté viennent tour à tour
compléter les émotions éprouvées pendant les morceaux précé-
dents.

L'*ouverture* est d'origine française : elle fut créée par Lulli.

L'ouverture est le péristyle, le portique d'un opéra. Elle doit
être dans le style général du monument et en avoir le caractère.
Selon quelques auteurs, cette composition doit être une analyse
sommaire et fidèle de la pièce qui va la suivre. Nous ne sau-
rions partager cette manière de voir. Si vous faites entendre
dès le début et avant la pièce les thèmes, les motifs des principaux morceaux, vous les déflorez et vous enlevez à l'auditeur
le plaisir de la surprise. Il n'y a plus d'imprévu pour lui et il
peut saluer chaque morceau comme une ancienne connaissance.
Nous croyons que l'ouverture doit seulement donner une idée
générale du caractère de l'ouvrage qu'on va représenter. Le
sujet est-il grave, l'ouverture doit se dérouler dans une majes-
tueuse sévérité. Est-il gai, l'ouverture doit s'épanouir en œuvre
légère et rhythmée. Si la scène se passe en Espagne, pourquoi le
compositeur ne s'inspirerait-il pas des airs si caractérisés de
ce pays? Si c'est en Allemagne qu'on nous transporte, quoi de
plus convenable que de composer une ouverture bien harmo-
nisée où figurerait la mesure ternaire si chère aux compositeurs d'outre-Rhin. C'est d'après ces principes que Méhul a composé son ouverture du *Jeune Henri*, si célèbre et si digne de

l'être; que Rossini, l'imagination pleine des airs si doux, des chants si suaves de l'Helvétie, a produit l'admirable ouverture de *Guillaume Tell;* que Martini nous prépare aux idées belliqueuses par son ouverture de la *Bataille d'Ivry;* que Vogel enfin plonge notre âme dans la tristesse par les sombres pages qui précèdent son *Demophoon.*

Certains compositeurs modernes, au lieu de suivre ces beaux exemples, font de l'ouverture une espèce de pot-pourri, sans idée mère traitée sérieusement, une véritable macédoine où viennent s'accumuler comme au hasard les morceaux les plus incohérents. A peine une phrase musicale est-elle établie qu'on l'abandonne pour une idéc nouvelle qui n'offre avec la précédente aucun lien d'unité. Tous les mouvements, tous les rhythmes s'y trouvent confondus. Qu'il y a loin de là aux belles pages des maîtres que nous venons de citer! Possesseurs d'un beau motif, ils le traitaient avec science, en tiraient toutes les conséquenccs, et composaient ainsi ces œuvres admirables qui ont eu la gloire de survivre aux misérables pièces auxquelles ils étaient malheureusement accolés.

Les Italiens du beau siècle ont généralement réussi dans leurs ouvertures. Celles du *Matrimonio,* des *Nozze di Figaro,* de *Cosi fan tutte,* du *Maître de chapelle,* sont écrites avec une grâce, une légèreté, un brio qui les rendent extrêmement remarquables.

La direction de l'ouverture, comme celle de la symphonie, demande de la part du chef d'orchestre une habileté consommée, une connaissance approfondie de la composition. Athénée nous apprend que le directeur des chœurs battait la mesure avec son pied armé d'une semelle de fer. Sous Louis XIV, Lulli dirigeait la scène et l'orchestre au moyen d'une grande canne qui fut cause de sa mort. En faisant répéter un psaume qu'il avait composé pour la convalescence du roi, il se frappa un doigt de pied avec tant de violence qu'on dut lui conseiller l'amputation de ce doigt. Il s'y refusa, et bientôt le sacrifice du pied devint nécessaire. Nouveau refus. Un peu plus tard, ce fut la jambe que les chirurgiens demandèrent, et Lulli perdit la vie plutôt que de la leur abandonner.

Aujourd'hui c'est avec un petit bâton que se dirige un orchestre. Habeneck conduisait ordinairement celui de l'Opéra avec un archet, comme Grasset, si longtemps attaché à *l'Opéra buffa*.

La *musique de danse* a pris une importance trop grande pour qu'il nous soit permis de la passer sous silence. Elle rivalise avec l'ouverture et la symphonie dont elle a les dimensions, surtout quand elle est écrite par les Musard, les Tolbecque et quelques autres.

On appelle quadrille la réunion de cinq morceaux dont chacun forme une figure. Ils sont généralement composés dans la mesure à deux temps ou à six-huit, mais il est de rigueur que le troisième soit dans cette dernière mesure. Le dernier morceau, formant une espèce de strette, doit être d'un mouvement un peu plus rapide et plus entraînant que les autres.

Les polkas, les mazurkas, les scottisch, etc., toutes danses hongroises, sont bien rhythmées et écrites dans un mouvement modéré. Ces airs ont quelque rapport avec l'ancien menuet français, si cher à Louis XIV.

La valse, un peu délaissée depuis l'introduction des danses hongroises, nous vient de la rive droite du Rhin. Son mouvement accéléré, son rhythme ternaire, lui donnent une allure vive et gaie. Les plus illustres compositeurs allemands n'ont pas dédaigné d'en écrire. Les valses de Mozart sont charmantes, et l'on aperçoit dans leur cadre si restreint des étincelles du génie de ce grand homme.

[illegible]
[illegible]
[illegible]
[illegible]

[illegible]
[illegible]
[illegible]
[illegible]
[illegible]
[illegible]

XXVII

DE LA MUSIQUE SACRÉE

La musique sacrée a pour objet de célébrer la gloire du Très-
Haut. On appelle quelquefois le style grave, noble et sérieux du
nom de *capella*. Ce nom vient, selon quelques auteurs, de ce
que les anciens rois de France avaient l'habitude de porter à la
guerre la *cape* de saint Martin, qui avait été soldat. Comme ils
faisaient dire la messe dans la tente où l'on gardait cette *cape*,
on nomma cette tente *capelle* ou *chapelle*, et, par la suite on
donna le nom de *chapelle* à toutes les églises particulières dans
lesquelles on célébrait le service divin.

C'est dans le genre de la musique sacrée que les grands compositeurs de l'Italie, les Palestrina (1), les Léo, les Durante, les
Marcello et tant d'autres ont écrit des pages impérissables.

(1) Palestrina, dont le nom véritable était Giovanni Pierluigi, mourut à Rome, le
2 février 1594. Tous les musiciens qui habitaient cette ville suivirent son convoi. Sa
fameuse messe à six voix fut chantée dans l'église Saint-Pierre, et sur son tombeau
placé dans la basilique du Vatican, on grava cette épitaphe : *Joannes-Petrus-Aloysius
Prenestinus, musicæ princeps.*

Les principaux morceaux destinés aux offices sont les messes, les psaumes, les différentes parties de la messe traitées séparément, les passages extraits des livres saints ou *motets*, écrits à une ou plusieurs voix. On a vu des musiciens composer eux-mêmes les paroles et la musique des motets. Ces pièces se chantent ordinairement après le *kyrie* ou après l'épître.

Il y a deux espèces de messes : les brèves et les solennelles.

Les messes *alla breve* orchestrées sont celles où chaque partie, chaque grande division de l'office est renfermée dans une seule composition. Ainsi, dans ces messes, le *Kyrie*, le *Gloria*, le *Credo*, le *Sanctus*, le *Benedictus* et l'*Agnus Dei*, font chacun l'objet d'un seul morceau.

Depuis quelques années on suit en France les prescriptions du rite romain qui défend de mettre en musique le *Credo*, parce que ce symbole de la foi doit être entonné par l'officiant et chanté par tout le peuple; cependant les compositeurs enfreignent cette défense et écrivent le *Credo*, qui est même le morceau le plus important de l'œuvre.

Les messes solennelles sont écrites avec beaucoup plus d'étendue. Le compositeur peut faire à chaque partie les divisions qui lui plaisent. Ainsi, le *Gloria* commence ordinairement d'une manière éclatante et change de caractère au *Benedictus;* à l'*Agnus Dei, Filius Patris*, un nouveau morceau prend le caractère de la prière et l'on termine par une *strette* brillante, sinon par une fugue. Le *Credo* s'ouvre dans un style grave et convaincu, passe bientôt à un sentiment tendre et doux pour se livrer soudain à l'expression de la tristesse la plus profonde à laquelle succèdent des effets pleins d'enthousiasme et de magnificence au *Resurrexit*. Le *Credo* comprend souvent une fugue au *venturus* et se termine par une finale brillante.

Le *Sanctus* et le *Benedictus* sont des prières qui expriment à peu près les mêmes sentiments et qui ont le même caractère. Cependant, les compositeurs donnent quelquefois plus de mouvement au *Benedictus*.

L'*Agnus Dei*, prière suave, calme, se termine par le *da pacem*, morceau souvent écrit dans un caractère onctueux et tranquille.

Les messes qui jouissent de la plus grande réputation sont celles d'Haydn, de Mozart, de Lesueur et surtout de Cherubini, qui a fait un chef-d'œuvre dans sa composition pour le sacre.

On écrit aussi des messes des morts. On connaît l'histoire du *Requiem* de Mozart. Un étranger, dont on n'a jamais su le nom, vint lui demander une messe funèbre, qu'il paya d'avance. Le compositeur se mit ardemment à l'œuvre, disant que cette messe était son hymne funèbre. Hélas! il ne se trompait pas. Forcé de suspendre son travail pour écrire *la Clemenza di Tito*, qui devait être entendue au couronnement de Léopold, comme roi de Bohême, il succomba à la maladie de poitrine qui le rongeait depuis longtemps et laissa inachevé ce fameux *Requiem*, que Süssmayer termina.

La messe des morts de Cherubini empêche le *Requiem* de Mozart d'être la plus belle composition musicale qui existe dans ce genre.

Les *psaumes* étaient originairement des chants hébreux, pour être introduits par David dans le service divin. Le chant des psaumes était recommandé par les apôtres.

De nos jours on ne chante en musique et à grand chœur que le *Dixit* des vêpres et le *Magnificat*. Le chant alternatif des psaumes est attribué à saint Ignace, martyr, qui vécut sous le règne de Trajan.

Du temps de Louis XIV, et longtemps après, on chantait beaucoup de psaumes, surtout ceux dont les paroles étaient écrites en l'honneur du saint dont on célébrait la fête. Le *Judica me*, de Bally, avait une grande réputation comme on l'apprend par les écrits du temps. Parmi les nombreux compositeurs qui ont écrit des psaumes on cite en première ligne Marcello, dont la musique, quelque savante qu'elle soit, est remplie de grâce et d'imagination.

Sous le pontificat du pape Marcel, et même bien auparavant, il s'était introduit dans la musique d'église des innovations empreintes du mauvais goût auquel s'abandonnaient alors la plupart des compositeurs. On entendait dans le lieu saint des madrigaux et mille autres choses tellement en opposition avec la majesté du culte, que le concile de Trente nomma des commissaires chargés d'aviser aux moyens d'y remédier. On proposa de chasser la musique des églises et de n'y conserver que le plain-chant; mais comme on ne put s'entendre, Palestrina, élève du Français Claude Goudimel, si malheureusement noyé dans le Rhône, à Lyon, sous prétexte de la religion réformée, fut chargé de composer une messe, d'après laquelle on jugerait s'il était possible ou non de concilier la musique avec les sévères exigences du lieu saint. Palestrina composa trois messes; les deux premières reçurent des éloges, mais la troisième excita un tel enthousiasme que la musique fut unanimement conservée dans les églises, à condition qu'elle serait écrite dans le caractère de celle de Palestrina. On possède cette messe à six voix, connue sous le nom de messe du pape Marcel; elle est en effet admirable, et les compositions religieuses écrites dans son caractère s'appellent *à la palestrina*.

L'*oratorio* est une espèce de petit drame en langue vulgaire dont le sujet est ordinairement pris dans la Bible ou dans les légendes des saints. Les oratorios destinés à être exécutés dans les théâtres prennent, en Italie, le nom d'*opera sacra*. On attribue la création de ce genre de musique à saint Philippe de Néri, fondateur de l'Oratoire, en 1548. Des auteurs pensent que, pendant les croisades, saint Louis faisait exécuter des compositions semblables qu'on appelait *ludi, mysteri*.

L'oratorio intitulé : *Anima e corpo*, composé par Émile del Cavaliere, et exécuté à Rome en 1600, est le premier drame religieux dans lequel on rencontre le dialogue en forme de récitatif. Qui ne connaît, de réputation au moins, le *Messie* de Hændel, la *Passion* de Jomelli, la *Création* d'Haydn et le *Sacrifice d'Abraham* de Cimarosa !

140

[illegible]

XXVIII

DU PLAIN - CHANT

On ignore si les chants de la primitive Église étaient des restes de l'ancienne musique grecque ou les inspirations naïves de la piété des premiers chrétiens. L'opinion la plus généralement adoptée veut que les *nômes*, espèces de chants que les Grecs adressaient à leurs dieux, aient servi de type aux chants de l'Église latine, contrairement à l'opinion du père Martini, qui croit que la musique sacrée de nos pères dérive de celle en usage dans les temples hébreux. « Les psaumes et les mélodies des cantiques, dit-il, ont été imaginés par les apôtres hébreux eux-mêmes, qui, seuls, connaissaient les mœurs, les habitudes et les usages de leur nation. » Forkel soutient que la musique des anciens chrétiens est née de leur inspiration, et que leur haine violente contre tout ce qui tenait au paganisme ne leur aurait pas permis d'admettre dans leurs usages ou dans leurs réunions la musique des païens; on en pourrait dire autant de leur haine contre les Juifs. Quoi qu'il en soit, il nous paraît naturel de croire que les chants des premiers chrétiens sont la transmission orale de génération en génération, ou tout au moins l'imitation soit des chants hébreux, soit plutôt des nômes grecs.

Le *plain-chant*, destiné à célébrer la gloire de Dieu, est appelé en Italie *canto piano* à cause de sa simplicité, *canto fermo* à cause de la gravité de son allure, *canto corale* parce qu'on l'exécute en chœur, enfin *canto romano* parce que c'est à Rome qu'il prit naissance.

On dit qu'en Espagne, deux champions combattirent pour savoir quelle liturgie serait adoptée de la gothe ou de la romaine. Elles furent ensuite soumises à l'épreuve du feu : celle des Romains fut consumée et celle des Goths resta intacte ; cependant, l'autorité du pape Grégoire prévalut, et le chant grégorien triompha avec la religion romaine. Saint Ambroise, archevêque de Milan, qui vivait au ive siècle, avait bien donné le premier une forme et des règles au chant ecclésiastique, et l'on assure qu'à Milan ce chant est encore en usage ; mais, ainsi que nous l'avons dit plus haut (p. 21), saint Grégoire réforma complétement cette musique, qui s'appela alors chant grégorien, du nom de son réformateur. Le système de saint Ambroise fut toutefois en usage dans quelques lieux jusqu'au xiiie siècle. Dans ce système, le chant ne comprenait que deux valeurs de notes : la longue et la brève ; la longue valant approximativement deux brèves.

Le plain-chant encore suivi de nos jours date de l'invention des notes modernes, c'est-à-dire du milieu du xie siècle.

Le plain-chant n'a ni rhythme, ni par conséquent de mesure, malheur véritable pour son exécution, qui se trouve ainsi presque entièrement privée d'expression et de sentiment, quoi qu'en aient pu dire certains ecclésiastiques. Sa musique s'écrit sur quatre lignes et il est fort rare qu'elles ne suffisent pas. On supplée d'ailleurs à leur insuffisance, comme pour la musique profane, par une petite barre ajoutée.

On n'emploie pour écrire le plain-chant, que les clefs d'*ut* et de *fa*. Les clefs d'*ut*, première, deuxième, troisième et quatrième ligne, sont figurées ainsi :

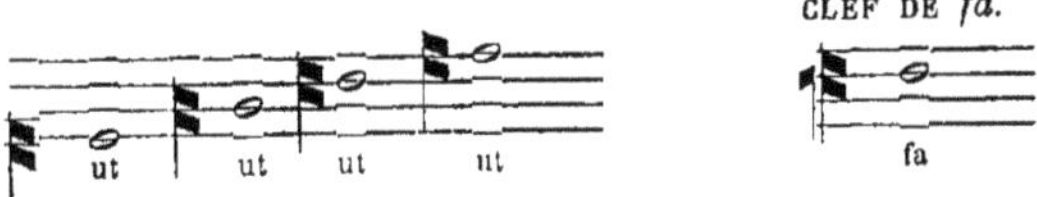

Nous avons dit qu'il n'existait primitivement que deux espèces de notes : les longues et les brèves. On ajouta bientôt une troisième valeur, ce qui donna la longue ⌐, la carrée ■, la brève ♦. La longue dure le temps de deux carrées, et la carrée vaut deux brèves ; mais ne perdons pas de vue que ces valeurs ne sont pas d'une exactitude complète.

On ajouta depuis trois nouvelles figures de notes qui sont parvenues jusqu'à nous, mais qu'on n'emploie guère : ce sont la maxime ▬⌐, la rhomboïde ♦ et la plique ⌐. La maxime vaut deux longues, la rhomboïde vaut un peu plus que la brève, la plique équivaut à peu près à une longue.

Dans le plain-chant comme dans la musique profane, on appele mode la manière d'être d'une gamme, c'est-à-dire la position des demi-tons.

L'ancien plain-chant comprenait douze modes ou tons. On a supprimé les quatre derniers à cause de leur trop grande analagie avec quatre des autres, savoir : le neuvième avec le premier ; le dixième avec le deuxième ; le onzième avec le cinquième, et le douzième avec le sixième.

Les huit tons ou modes qui nous restent sont ou authentiques ou plagaux. Les authentiques sont les premier, troisième, cinquième et septième, c'est-à-dire les impairs. Les nombres pairs, c'est-à-dire les deuxième, quatrième, sixième et huitième, sont plagaux ou adjoints.

Ces huit modes sont réguliers quand ils conservent les finales qui leur sont propres ; ils sont irréguliers s'ils ont des finales différentes, ce qui arrive quand ils font partie d'un des modes rapportés non transposés.

Chaque mode ou ton possède une note qu'on nomme *dominante* parce qu'elle est la plus élevée de l'accord parfait ; cette note, surtout dans le chant grégorien, est celle qui revient le plus souvent dans le morceau.

Nous croyons utile et même nécessaire de donner un aperçu des huit tons.

Le premier (dorien) se chiffre 1 ; sa lettre est D ; sa tonique finale est *ré ;* sa tierce *fa* détermine le mode mineur ; sa dominante est *la ;* son intonation *la, sol, la, la ;* son étendue d'une octave ; son mode authentique. Il s'écrit sur la clef d'*ut* quatrième ligne.

Le deuxième (hypodorien) se chiffre par un **2** et se marque par la lettre D ; sa clef est *fa ;* sa dominante est *fa ;* son intonation *ut, ré, fa ;* son étendue d'une octave de *fa* à *fa ;* il est plagal.

Le troisième (phrygien) se chiffre **3** ; sa lettre est E ; sa clef celle d'*ut*, quatrième ligne ; sa tonique est *mi*, sa tierce *sol*, mode mineur ; sa dominante *ut ;* son intonation *sol, la, ut, ut ;* son étendue de *mi* à *mi*. Il est authentique.

Le quatrième (hypophrygien) se chiffre **4** ; sa lettre est E, ou *e* s'il est irrégulier ; sa clef *ut*, quatrième ligne ; sa tonique *mi ;* sa tierce *sol*, par conséquent mode mineur ; sa dominante est *la ;* son intonation *la, sol, la ;* son étendue de *si* à *si ;* mode plagal.

Le cinquième (lydien) se chiffre **5** ; sa lettre est F, ou *f* s'il est irrégulier ; sa clef est celle d'*ut*, troisième ligne ; sa tonique finale *fa ;* sa tierce *la*, par conséquent du mode majeur ; sa dominante *ut ;* son intonation *fa, la, ut ;* son étendue de *fa* à *fa*.

Le sixième (hypolydien) se chiffre **6** ; sa lettre est F, sa clef celle d'*ut*, quatrième ligne ; sa tonique ou finale *fa* ne varie pas ; sa tierce est *la ;* sa dominante *la ;* son intonation pareille à celle du premier ton, *fa, sol, la, la ;* son étendue d'*ut* à *ut*.

Le septième (myxolydien) se chiffre 7 ; sa lettre est G ou *g*; sa clef est celle d'*ut*, troisième ligne ; sa tonique et sa finale *sol* ; sa tierce *si* majeur ; sa dominante *ré* ; son intonation *ut, ut, ré, ré* ; son étendue de *sol* à *sol* ; son mode authentique.

Le huitième (hypomyxolydien) se chiffre 8 ; sa lettre est G ou *g* ; sa clef, celle d'*ut*, quatrième ligne ; sa tonique et sa finale *sol* ; sa tierce *si* ; sa dominante *ut* ; son intonation *sol, la, ut*.

On a donné à chacun de ces tons une qualification particulière qui désigne, selon nos devanciers, le caractère qu'il représente ; on disait donc :

Primus	gravis,
Secundus	tristis
Tertius	mysticus,
Quartus	harmonicus,
Quintus	lætus,
Sextus	devotus,
Septimus	angelicus,
Octavus	perfectus.

On simplifie encore ces huit tons en les réunissant par deux qu'on nomme compairs parce qu'ils ont la même tonique. Ainsi sont compairs.

Les premier et deuxième tons.	— Tonique	*ré.*
troisième et quatrième.	—	*mi.*
cinquième et sixième.	—	*fa.*
septième et huitième.	—	*sol.*

Pour indiquer le ton d'un morceau de plain-chant, on met au commencement le chiffre et la note de ce ton. Dans certains diocèses on place avant la clef la tonique et la dominante du morceau. Un poëte a ingénieusement renfermé dans deux vers de coupe latine la finale et la dominante de chaque mode :

> « *Pre re la, sec re fa, ter mi ut, quart quoque mi la,*
> » *Quint fa ut, sex fa la, sept sol re, oct dato sol ut.* »

Il serait utile aux chantres d'apprendre par cœur ces deux vers qui leur serviraient à reconnaître d'une manière certaine la tonalité d'un morceau.

La bonne psalmodie, ou manière de chanter, exige l'observation rigoureuse : 1° de l'intonation ; 2° de la dominante ; 3° de la médiation ; 4° de la médiante ; 5° de la terminaison.

L'intonation est donnée par l'officiant ou le chantre désigné pour commencer le psaume ou le verset, et le chœur continue en commençant très-souvent par la dominante.

La dominante, nous l'avons dit, est la note essentielle ; on la nomme aussi quelquefois *teneur*. Il faut l'entonner très-juste, c'est-à-dire sans hausser ni baisser la voix.

La médiation est une note sur laquelle on appuie un peu avant d'arriver à la médiante, qui se trouve presque toujours au milieu du verset, et sur laquelle on s'arrête un peu. Il est à remarquer que dans les tons authentiques la médiante se trouve toujours à la tierce de la tonique.

La terminaison est évidemment la note finale.

On emploie dans le plain-chant des barres entières et des

demi-barres. La demi-barre n'embrasse que trois lignes de la
portée, et sert à indiquer la division par mots. La barre en-
tière se met après les mots suivis d'un point, et marque chaque vers dans les hymnes ou les proses. Elle embrasse les
quatre lignes de la portée. Les barres doubles marquent la fin
du morceau.

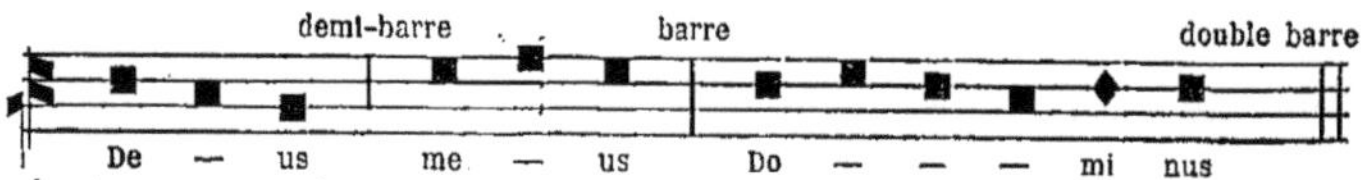

L'astérisque * se place dans les versets des psaumes pour indiquer le repos de la médiante et sert à diviser le verset en
deux parties.

Les lettres *e u o u a e*, que l'on rencontre si souvent à la
fin d'une pièce de plain-chant signifient : *Secula seculorum.
Amen.*

On nomme séquence la prose que l'on chante après le graduel. Ce nom de graduel vient de ce qu'on entonnait le morceau qui porte ce nom sur le premier degré de l'autel et avant
l'évangile.

Les proses étaient en usage dans la plus haute antiquité. On
ne chante plus guère à Rome que le *Victimæ paschali laudes,*
à l'octave de la Pentecôte; *Lauda Sion, Salvatorem,* à l'octave
de la Fête-Dieu, et l'admirable prose des morts : *Dies iræ.*

La *prolation* est une série de notes que l'on exécute sur une
voyelle, tant en montant qu'en descendant. Nos pères enten-

daient aussi par ce mot la valeur de trois blanches donnée à la ronde et l'écrivaient ainsi : *◯* *◯⸗*. On connaissait la prolation parfaite et la prolation imparfaite : *prolatio major* et *prolatio minor*. Ces espèces de notes sont tout à fait abandonnées de nos jours.

Le *neume* en plain-chant est une espèce de courte récapitulation du chant du mode sans y joindre les paroles. Il se fait souvent sur la dernière syllabe de l'*Alleluia*. Quelques catholiques attribuent l'invention des neumes à saint Augustin, qui dit que « ne pouvant trouver des paroles dignes de plaire à » Dieu, l'on fait bien de lui adresser des chants confus de jubi- » lation. A qui convient une telle jubilation, si ce n'est à l'être » ineffable ! Comment célébrer cet être ineffable, lorsqu'on ne » peut ni se taire ni rien trouver dans ses transports qui les » exprime, si ce n'est des sons inarticulés. »

Le neume avait autrefois plusieurs significations différentes; il indiquait certaines figures mélismatiques ou mélodiques pla- cées sous une voyelle; puis l'art de mettre en chant les notes de musique ou de chanter; enfin il indiquait le signe final.

On nomme *trait* la psalmodie d'un psaume qu'on allonge sur un air grave et qu'on substitue quelquefois aux chants joyeux de l'*Alleluia* et des proses. Le chant des traits est écrit ordinai- rement dans le deuxième ou le huitième ton, plus propices que d'autres à la composition de beaux chants.

Vers la fin du xviiie siècle, dans beaucoup de cathédrales on exécutait ce qu'on nommait *le chant sur le livre*. Il s'agissait d'improviser sur le plain-chant de l'harmonie, des ornements, des notes d'agrément, en plaçant le plain-chant à la taille que nous appelons maintenant baryton. Certains chantres qui s'entendaient entre eux, obtenaient sans doute quelques résultats satisfaisants; mais quelle horrible cacophonie déchirait les oreilles tant soit peu sensibles, quand des chantres inexpérimentés ou qui ne se connaissaient pas se permettaient de telles hardiesses! car on ne se contentait pas toujours d'une ou deux parties ajoutées, on improvisait du contrepoint, même des fugues. Il faut se féliciter de ce que cette coutume barbare n'existe plus, mais ce n'est pas sans difficulté qu'on l'a bannie du temple.

La transposition est d'un grand usage dans le plain-chant, car il est rare qu'un chant convienne à tous les timbres de voix. On suit les mêmes règles que pour la musique profane; on change la clef et l'on ajoute mentalement les dièses ou les bémols nécessaires au ton dans lequel on entre.

Dans le chant des morceaux divisés en versets, on doit soigneusement éviter d'entonner un verset avant que le précédent ne soit complétement terminé. Il est de règle que, dans les offices des fêtes majeures ou solennelles, le chant soit dit plus lentement. et qu'on lui donne plus de gravité et de majesté.

Quand un verset est long, il faut attendre jusqu'à la virgule pour respirer et s'appliquer à reprendre bien ensemble. Ce léger repos doit être beaucoup moins long que celui qu'on fait à la médiante.

Évitez autant que possible de couper les phrases ou le sens des paroles pour respirer. Ainsi ne faites pas un repos après *Fiat volontas*, mais seulement après *Fiat voluntas tua*.

Il faut se garder aussi de chanter à pleine voix, car il deviendrait alors impossible de nuancer son expression. Un autre inconvénient serait inévitable : c'est qu'en commençant avec la plénitude de sa voix on ne pourrait maintenir longtemps la même intensité de son; la voix baisserait et l'on chanterait faux.

Rien de mauvais encore comme de saccader à la manière des anciens chantres qui marquaient chaque note en l'attaquant durement, au lieu de lier les sons. Presque tous chantaient ainsi : *Do, o, o, o, o, minus.* C'est une manière détestable.

On doit en définitive observer pour le plain-chant les mêmes règles que pour la musique profane; c'est le seul moyen de remédier un peu à la monotomie, à la raideur et au manque de rhythme positif de la musique grégorienne.

[illegible]

[illegible]

[illegible]

[illegible]

[illegible]

TABLE.

FIN DE LA TABLE.

IMPRIMERIE CENTRALE DES CHEMINS DE FER. — A. CHAIX ET Cᵉ RUE BERGÈRE, 20, A PARIS. — 1860

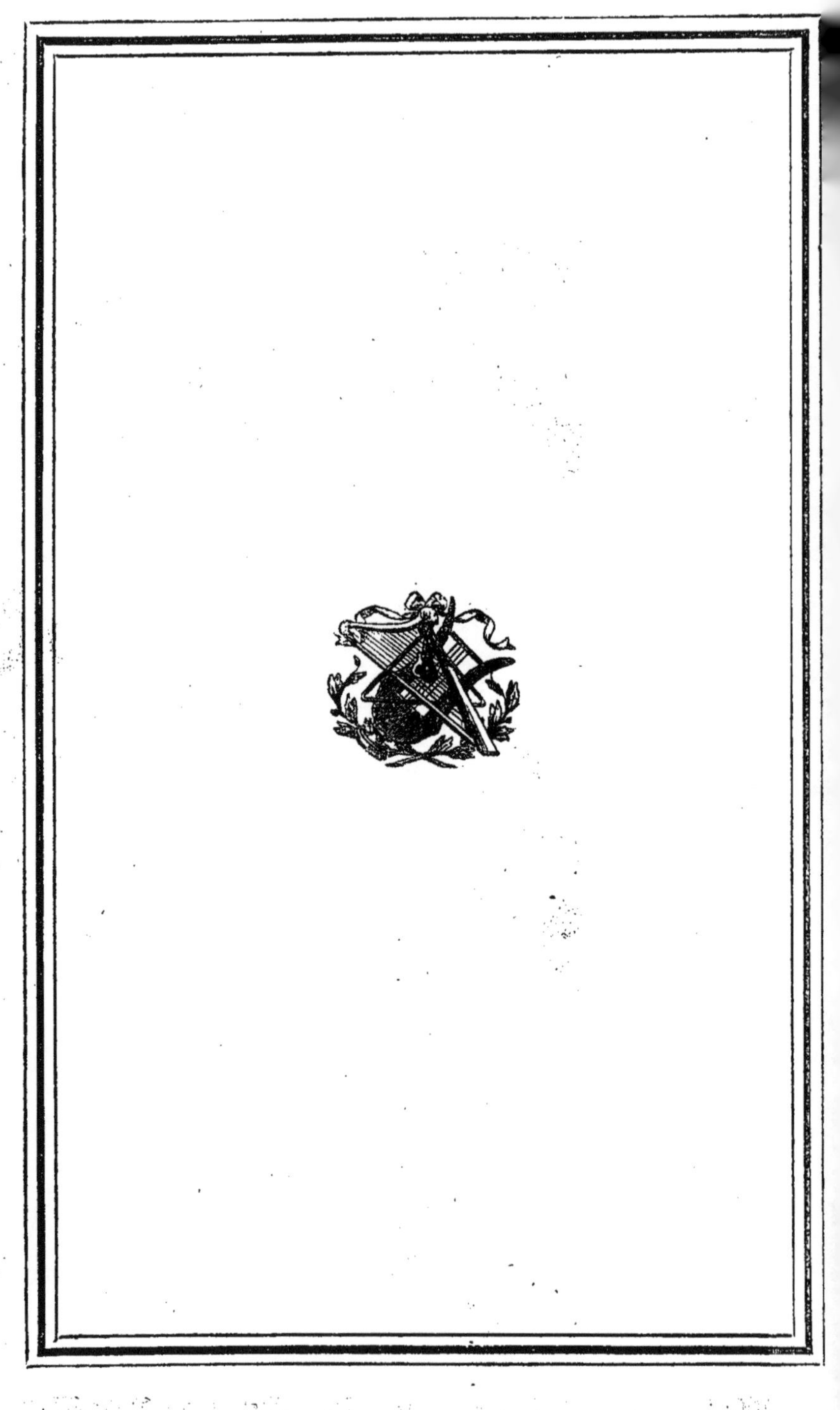

9 782019 991524